Mandalachart

仕事も人生もうまくいく！

図解 9マス思考 マンダラチャート

クローバ経営研究所
松村剛志
Matsumura Takeshi

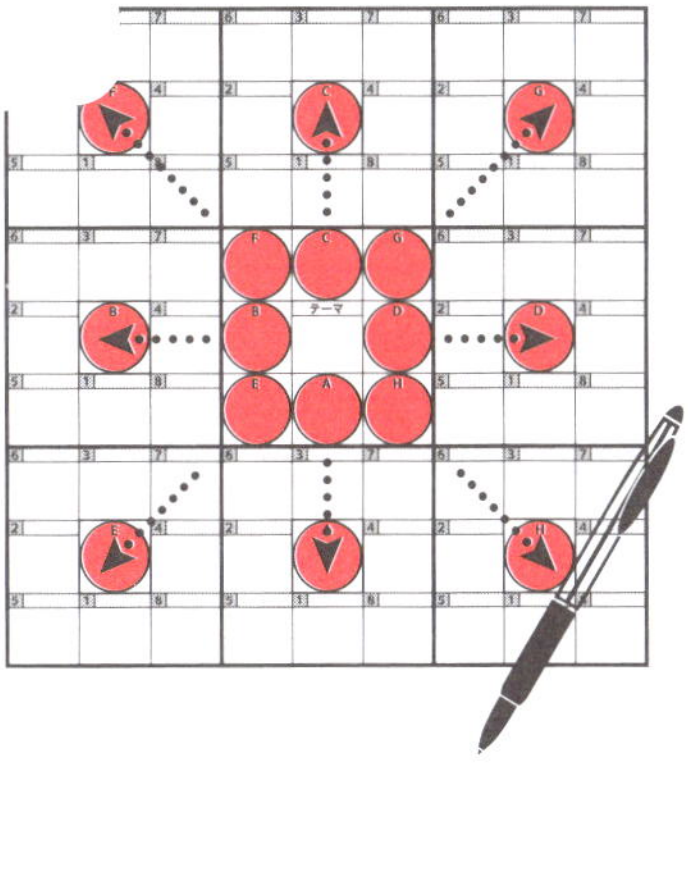

青春出版社

はじめに　９マス思考から、無限の可能性が生まれる！

かなえたい目標がある。やりたいことがある。

でも、目の前の出来事や日々の忙しさに追われ、なかなか手をつけられずにいる――。

こんなとき、「できないのは自分の意志が弱いからだ」と思っていませんか。

しかし、そうではありません。あなたのなかにはもともと「できる力」が備わっています。それを引き出す方法がわからないだけなのです。

その「できる力」を引き出す、簡単なツールがあるといったら驚かれるでしょうか。

それが、中心核をもった９マスのチャート、「マンダラチャート」です。

マンダラチャートは、経営コンサルタントであり、私の父でもあった松村寧雄《やすお》によって、１９７９年に開発されました。当初は経営者や公認会計士、税理士、弁護士、各種のコンサルタントの方々を中心に活用していただいていましたが、多くの方の実践を通して、さまざまな分野でマンダラチャートが効果的であることが実証されるようになりました。

マンダラチャートは、仕事だけでなく時間管理のツールとして「マンダラ手帳」（第５章参照）

へと進化していく一方で、思考法の1つとしても広がっていきました。

2018年、アメリカ大リーグで1年目にして大活躍した大谷翔平選手は、高校時代に「目標達成シート」を書いていたことが知られていますが、その原型がマンダラチャートです。こんにちの大谷選手の活躍はもちろん本人の努力の賜物ですが、目標を明確にしたり、モチベーションを維持するために、「目標達成シート」が果たした役割は少なくないでしょう。


マンダラチャートは、行きたい場所を目指す際の地図のようなものです。しかしその地図がいいかげんなものであれば、道に迷ってしまいます。

では、どのように地図を描けばいいのでしょうか。

この本では、マンダラチャートの構造や特徴についてだけでなく、実際に仕事やプライベートでマンダラチャートを使っている方々のさまざまな活用法も紹介していきます。「何を書いていいのかわからない」「どうやって目標にアプローチしていいかわからない」というとき、参考になることでしょう。

そうして本書を読み終えたら、ぜひ自分でもマンダラチャートをつくってみてください。

さあ、新しい地図を手に、目標へと一歩踏み出しましょう。

こんなに使える！　マンダラチャート

F　自己管理 ・ダイエット ・トレーニング 	C　ひらめく ・商品開発 ・アイデア出し 	G　学ぶ ・読書日記 ・勉強 
B　整理する ・問題解決 ・考えをまとめる 	テーマ 仕事も人生もうまくいく！ マンダラチャート	D　時間管理 ・スケジュール管理 ・行動計画 ・人生計画 
E　仕事に活かす ・事業計画 ・組織図 	A　かなえる ・目標達成 ・理想の実現 	H　記録する ・議事録 ・旅行記 

仕事も人生もうまくいく！【図解】9マス思考マンダラチャート●目次

第1章　仕事も人生もうまくいく「9マス思考」の秘密

マンダラチャートの構造

9マス思考のメリット

第2章　毎日が変わる！　マンダラチャート使いこなし術

第4章　事例でわかる！　B型チャート活用法

B型チャート活用法

第5章　いい目標が、いい人生をつくる

本文図版・DTP　ハッシィ
本文イラスト　富永三紗子
編集協力　二村高史
マンダラチャート事例協力（敬称略）
中野仁／小林廣輝／下川紘資／富部文香／横畑美幸／まつやてる子　／齊藤優美子／
水木道隆／大瀧郁夫／甫木宏聡／関根大樹／M・M／太田陽子／湯谷拓朗／I・K

マンダラチャートのテンプレートについて

●この本のなかでは、マンダラチャートを紹介したうえで、それぞれの書き方を紹介しています。
以下のチャートは、そのページをコピーしてご利用ください。

・A型チャート（41 ページ）
・B型チャート（42 ～ 43 ページ）
・今年の目標・役割計画（101 ページ）
・人生８大分野 自己評価（106 ～ 107 ページ）
・人生レーダーチャート（109 ページ）
・人生８大分野 行動計画（112 ～ 113 ページ）
・人生 100 年計画（114 ～ 115 ページ）

●A型、B型チャートは、テンプレートをダウンロードすることができます。

ダウンロードはこちら

https://myasp41.com/p/r/w1hFGIxR

または

こちらのサイトにアクセスし、お名前・メールアドレスを入力してください。

第1章

仕事も人生もうまくいく「9マス思考」の秘密

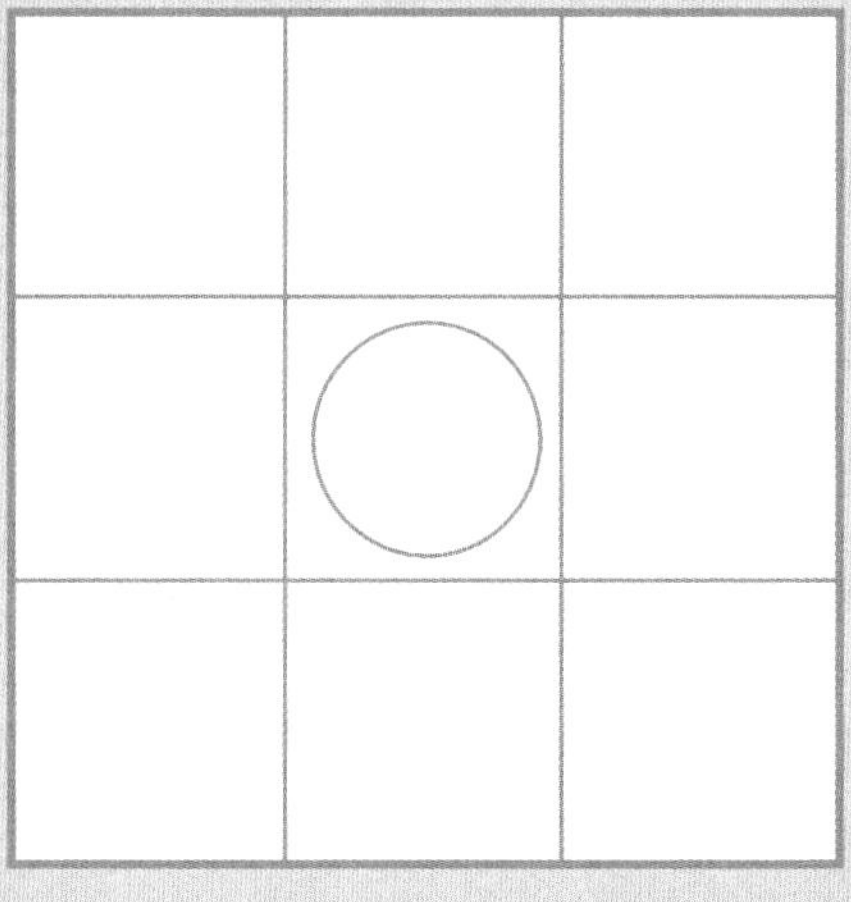

マンダラチャートの構造

A型チャートはマンダラチャートの基本

マンダラチャートには、3×3の9マスからなる「A型チャート」と、それぞれのマスをさらに展開させた「B型チャート」の2種類があります。

まず、マンダラチャートの基本形であるA型チャートについて説明していきましょう。

A型チャートが適しているのは、ちょっとした考えをメモしたいときや、テーマを大まかにとらえたいときです。9マスで完結しているので、全体像をひと目で見わたせるというメリットがあります。

中心となるのは、中央のマス「センターエリア」。マンダラチャートを作成するときは、まずここに、目標や課題などの「テーマ」を記入します。真ん中にはっきりとテーマを書き込むことで、「自分はどこに向かいたいのか」「何を導き出そうしているのか」が、はっきりとインプットできます。そして、常にこのテーマを目で見て意識することで、ブレることなく目標や問題解決に向かっていけるのです。

その上で、テーマに対して8つの項目を立てて、それを周囲のマスの「タイトル欄」に記入していきます。あとはその項目にそって、思いついたことを「A～Hエリア」に展開していくという手順をとります。具体的な書き方については、第2章以降で紹介していきましょう。

A型チャートで思いついたことを、さらに展開したり詳細を詰めていきたいときは、次のページで紹介するB型チャートを使います。

マンダラチャートA型の構造

F タイトル	C タイトル	G タイトル
Fエリア	Cエリア	Gエリア
B タイトル	テーマ	D タイトル
Bエリア	センターエリア	Dエリア
E タイトル	A タイトル	H タイトル
Eエリア	Aエリア	Hエリア

マンダラチャートの構造

思考や発想を掘り下げるB型チャート

B型チャートは、A型チャートのA～Hエリアの内容を掘り下げていく構造になっており、3×3の9マスの四角形が9個並んでいます。このB型の構造は、木にたとえるとわかりやすいでしょう。

中央の四角形の真ん中のマスを、「木の幹」の意で「トランク」と呼びます。A型のセンターエリアに当たります。それを囲むA～Hの8つの円は、木の「枝」を意味する「ブランチ」と呼びます。A型のA～Hエリアのタイトル欄に相当します。

そして、中央の四角形を囲むように、3×3マスの四角形が8つ配置されています。この8つそれぞれの中心にあるマスには、ブランチの内容をそのまま書き写します。さらに、それを囲む8つのマスは、ブランチの内容を、それぞれ深く展開する部分です。これは、「葉」の意で「リーフ」と呼びます。

つまり、「トランク（幹）」→「ブランチ（枝）」→「リーフ（葉）」の順に、思考や発想を掘り下げていくしくみになっているのです。

B型チャートは、細かいマスがたくさんあるので、難しく見えるかもしれません。でも、一度にすべてのマスを埋める必要はありません。A型チャートを作成していくうちに、もっと詳しく具体的なことを書き込んでいきたいと思えば、B型チャートに展開していけばよいのです。簡潔に表現したければA型、思考を掘り下げたければB型という使い分けをするのがよいでしょう。

マンダラチャートＢ型の構造

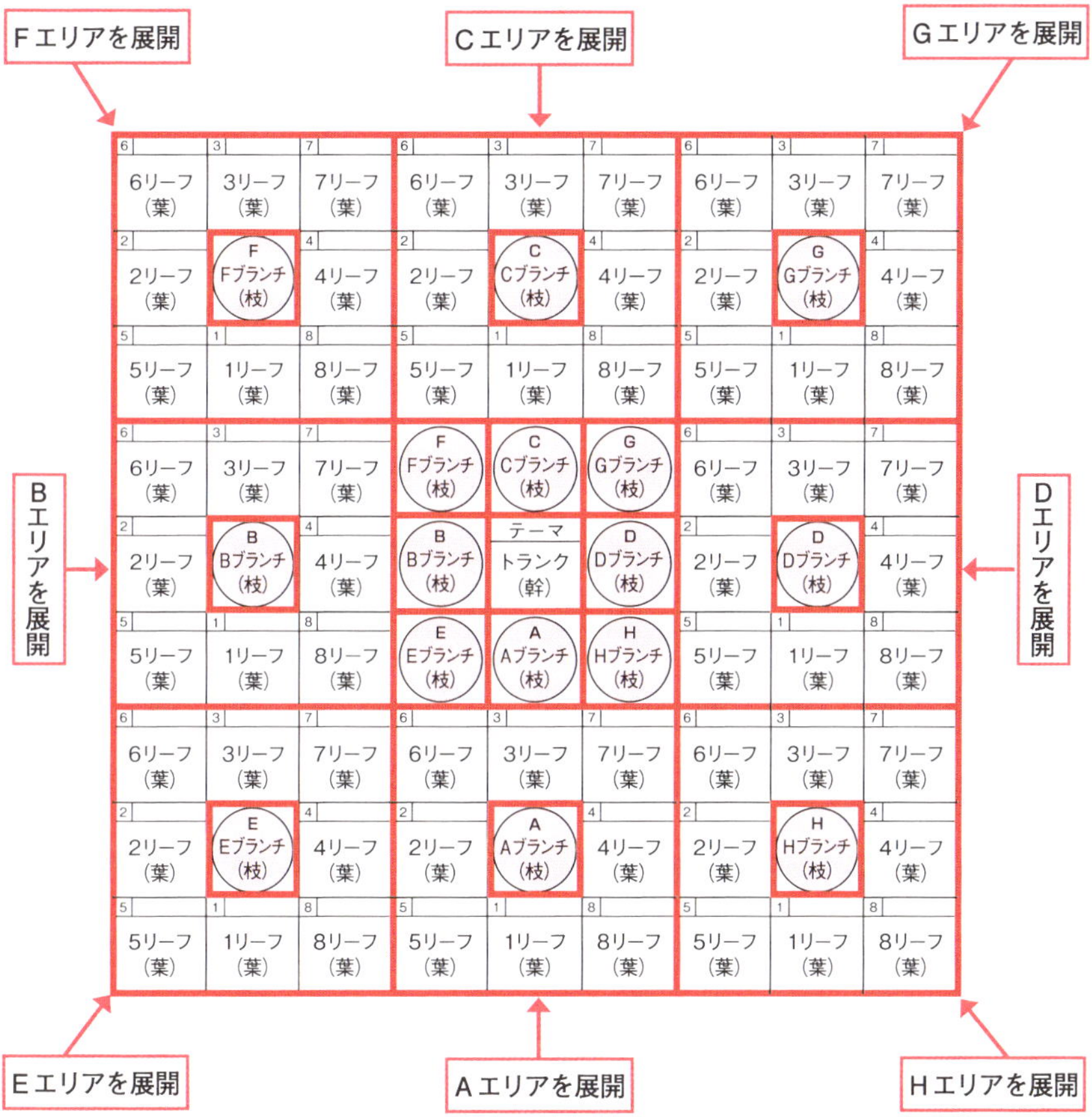

9マス思考のメリット

仕事も人生もうまくいく考え方

突然ですが、あなたにとって幸せとはなんですか。

「やりがいのある仕事をして、優しいパートナーとかわいい子どもがいることかな。で、地位も収入も上がって……、家を買って、旅行をして……」と次々と考えが浮かんでくる人もいるでしょう。

逆に、「仕事の成功」「財産！」「家庭が第一」と、1つのことにフォーカスする人もいるでしょう。

あるいは、「まずは健康で仕事がうまくいって、そうすれば地位と経済的安定が得られるから、家庭は安泰になる。そうすれば……」と、順を追って考える人もいるかもしれませんね。

では、この3つのタイプのうち、どの考え方をすれば、夢や目標がかなうのでしょうか？

実は、どの考え方でも難しいのです。

1番目の例のように、幸せの像がバラバラだと、1つの分野に取り組んでいるときに、ほかの分野のことが気になってしまい、目標に集中できません。

2番目のように、1つのこと（たとえば仕事）に集中すると、別の分野（健康や家庭）をおろそかにしてしまいます。また、その1つがうまくいかないと、人生すべてを悲観してしまうかもしれません。

3番目のように目標を段階的に求めていくと、「健康に問題があるから仕事はダメ」「仕事さえ頑張れば家庭を幸せにできる」という狭い考えに陥りがち。目標の最後が家庭だとしたら、そこまでたどりつかないうちに家庭が危うくなる恐れもあります。

目標達成がうまくいかない理由

●思考分散型

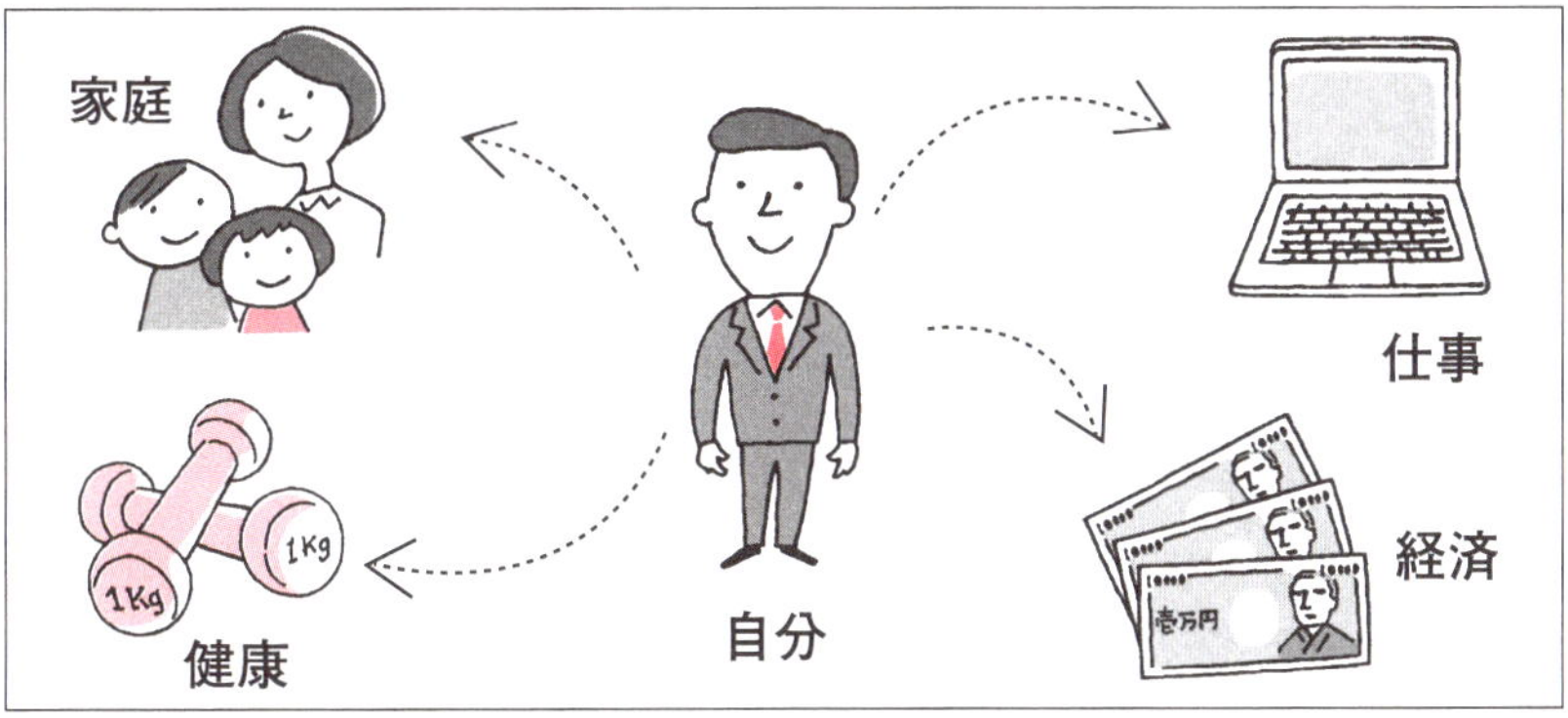

●一点集中型

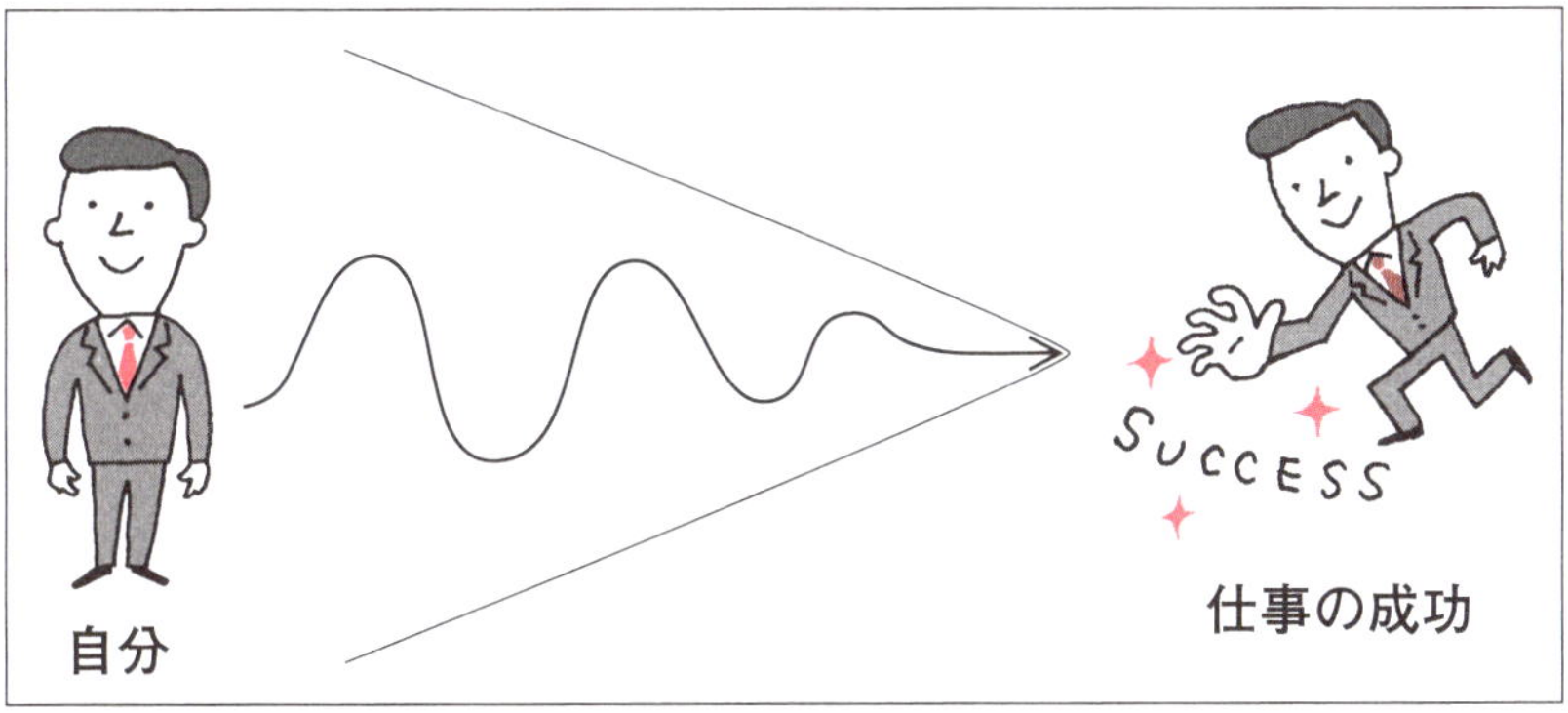

●段階型

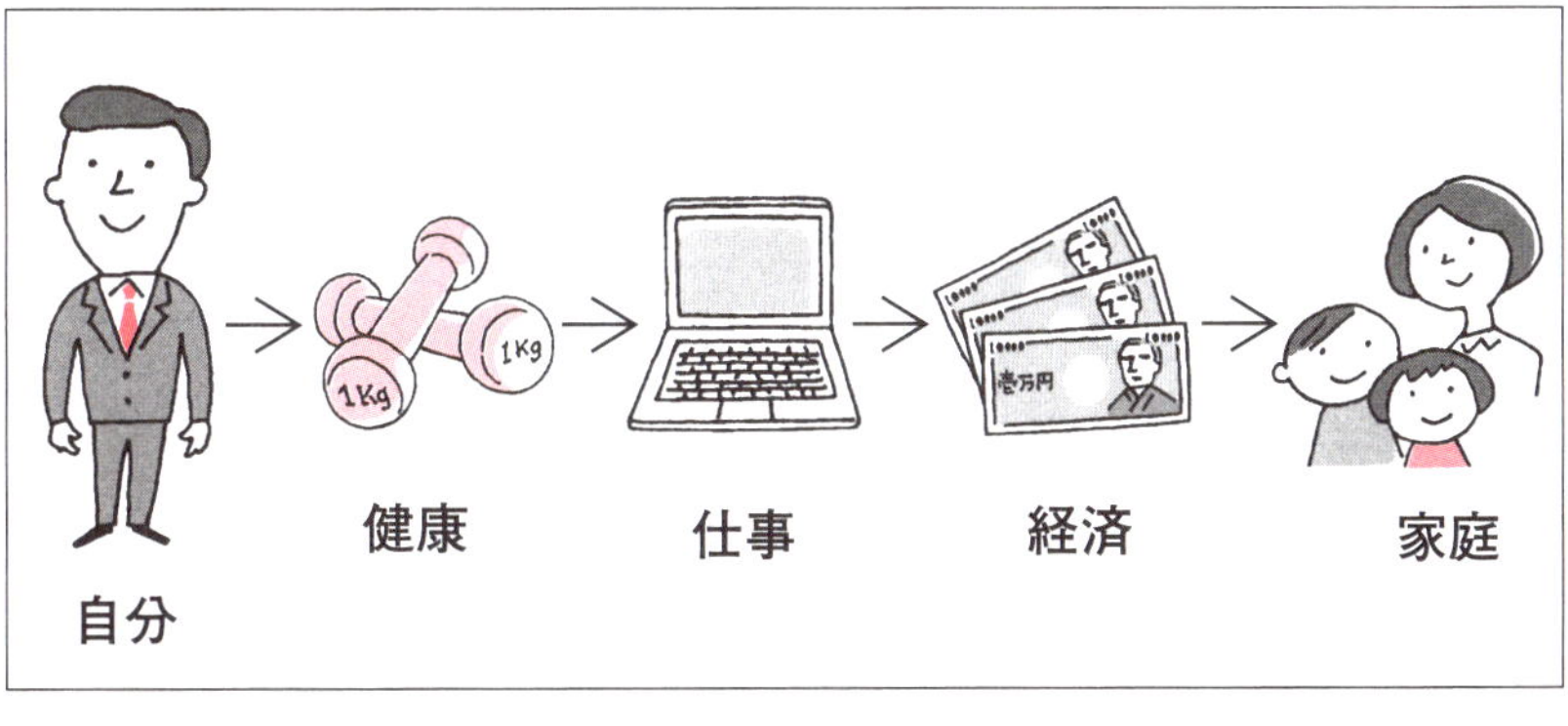

9マス思考のメリット

バランス思考が身につく

前のページでは、夢や目標をかなえるための3つの考え方を取り上げてみました。でも、その3つの方法とも、実現は難しいのです。

ではどのように考えたら、夢や目標をかなえることができ、幸せな人生を歩めるのでしょうか。

実は、この問題をすっきりと解決してくれるのが、3×3の9マス思考フォーマットをベースにしたマンダラチャートなのです。

「えー？　こんなシンプルなチャートを使うだけで、本当に夢や目標がかなうの？」

そう疑問に思う方もいるでしょう。

しかし、このマンダラチャートは、ただのフォーマットではありません。その構造には、大きな秘密があるのです。

マンダラチャートの最大の特長は、中心に大切なテーマ（ここでは「自分」）をどっしりと据えて、その周囲にそれに関する要素（ここでは、かなえたい夢や目標の要素）を配置するという点。こうすることで、どれか1つの目標に偏ることなく、それぞれの目標を同時に進めていくという「バランス思考」が自然に身につくのです。

人生というのは、たくさんの要素から成り立っています。マンダラチャートで人生を全体的にとらえることができれば、人生の1つひとつの分野を常に意識して、具体的な行動が取れるようになります。だからバランスよく夢に向かって行けるのです。

マンダラチャートでバランス思考型に変わる

マンダラチャートで目標は同時進行で達成できる

9マス思考のメリット

思いもよらない発想が浮かぶ

「自分はどうしてこんなに発想力が乏しいのか」「もっといいやり方があるはずなのに、どうして思い浮かばないんだろう」と嘆く人がいます。そんなとき、人は「それは自分に能力がないせいだ」と考えてしまいがちです。でも、それは能力がないのではなく、能力の引き出し方が不十分なのです。

もしかして、あなたは物事を頭の中だけで考えていませんか。大切なのは紙に書き出すこと。紙に書くことで、アイデアが次々に浮かんできます。

マンダラチャートを使って考える際には、中心核にテーマを書き、それに関連して思い浮かんだことをまわりのマスに書き出していきます。すると連想のように次から次へと考えが浮かんできて、自分でも思いもよらない発想を引き出すことが可能になるのです。

「それなら、単に中心にテーマを書いて、そこから放射線状につなげていくほうが簡単なのでは」と思われるかもしれません。

でも、つる草のように縦横無尽に広がっていく発想を、やみくもに書き出していくだけでは収拾がつかなくなり、それぞれの関係性も見えづらくなってしまいます。本来のテーマと大幅にずれてくるといったことが起こるかもしれません。

そこで威力を発揮するのが、マンダラチャートの9マス目。これがあることで、大きなメリットが生まれてくるのです。

発想を引き出すマンダラチャートの構造

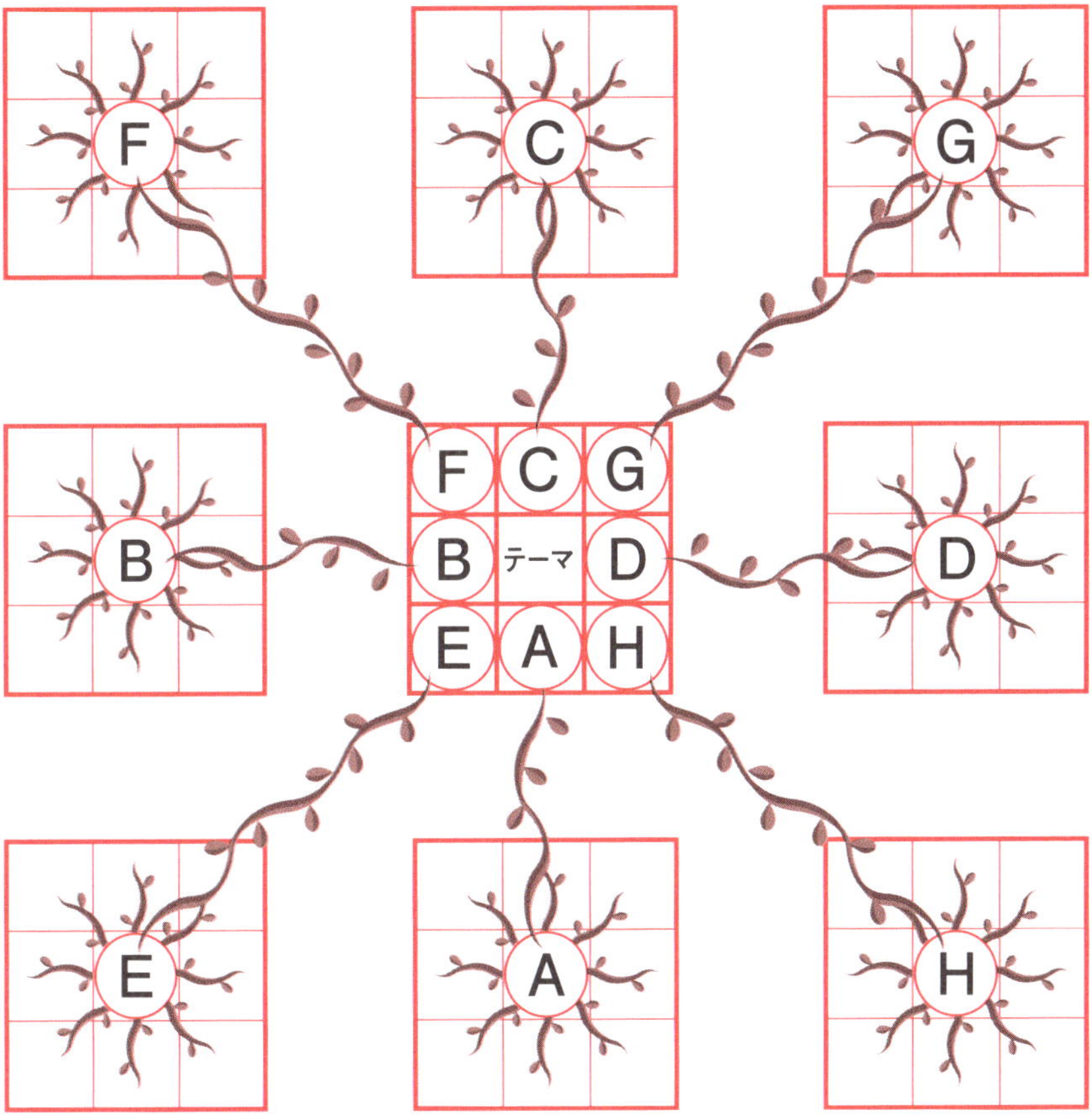

1つのテーマから64通りの
具体的解決策が見つかる

9マス思考のメリット

視点を変えて物事をとらえられる

現代という時代は、ほかの人と違ったユニークな発想をできる人が評価される時代です。クリエイティブな仕事をしている人はもちろん、商品開発や営業職にしても、これまでにない新しいアイデアが求められています。周囲と同じことをしているだけでは、生き残ることができません。

「でも、いいアイデアなんてそう簡単に思いつくもんじゃないよなあ……」

いや、そんなときこそ、マンダラチャートの出番。マンダラチャートには、たった1枚の紙に表現されていながら、視点を変えて物事が見られるという大きな特長があるからです。具体的には、次の「3つの視点」で物事が見られるようになります。

第一の視点は、高い場所から見下ろしたように全体を見わたす「鳥の目」。「全体＝マクロ」の視点で、テーマの大枠をつかむことができます。

第二は、マスの1つひとつにまで入り込んで細かく見ていく「虫の目」。「部分＝ミクロ」の視点で、細部に至るまで注意深く観察できます。

第三は、全体と部分のつながりを把握する「魚の目」。この視点によって、全体と部分の「関係性＝トレンド」を読み取ることができます。

本人が意識していなくても、マンダラチャートを使うことで、1つの物事に対して、こうした3つの視点が自然と持てるようになります。そこから、これまでになかった新鮮な発想が生まれてくるのです。

マンダラチャートには「3つの視点」がある

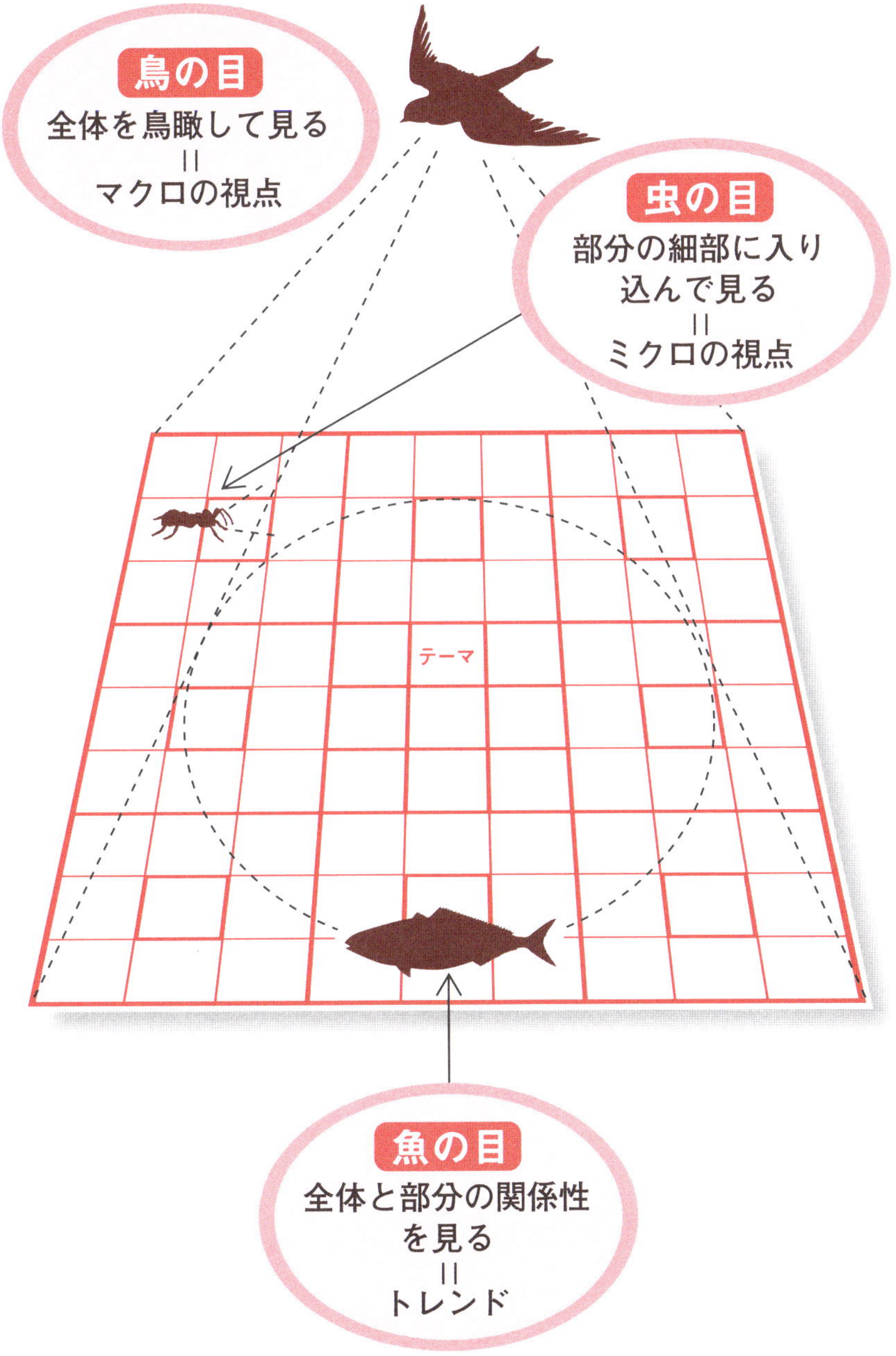

9マス思考のメリット

「ひらめき力」がアップする

新しい発見や発明があった場面で、よくエピソードとして伝えられるのが「ひらめき」の瞬間。

たとえば、リンゴが落ちるのを見て万有引力を発見したニュートン、誤って青カビがシャーレに混入したのを見てペニシリンを発見したフレミングなど。一見、彼らは運に恵まれただけのように思われがちですが、実はそうではありません。

彼らは、頭の中で問題（テーマ）の核心を理解し、その問題解決を限界まで追究していました。その結果、リラックスしている状態でも脳はフル回転を続け、目の前に起きた出来事からヒントを得て、「ひらめき」を生じさせることができたのです。

マンダラチャートは、まさにこの「ひらめき」を生むためのツールといってよいでしょう。

マンダラチャートは、単なる文章だけでなく、ビジュアルの力も借りて物事の全体像を強いインパクトをもって表現します。しかも、中心核に置かれたテーマが常に意識される構造になっています。

ですから、マンダラチャートで物事を考えていくと、脳が常に必要な情報を求めてアンテナを立てている状態になるのです。たとえば、イタリアに行こうと思った途端に、テレビの特集があったりイタリア帰りの知人に会ったりという現象が起こります。

これは偶然ではありません。問題の核心が脳に強くインプットされることで、脳が問題解決のための情報を見つけようとして起きている現象なのです。

「ひらめき力」をつけるマンダラチャート

ひらめきは運!?

実は…

常にテーマを意識するから答えをひらめく

9マス思考のメリット

思考・情報整理に役立つ

思考をまとめる際、図を活用することは、物事の理解を深める上で、大変に役立ちます。けれども、その図の描き方1つで、頭へのインプットのされ方が変わってくるのです。

よくある図の描き方の1つに、縦型構造の「階層型」があります。これはテーマを一番上に置き、そこから下へと展開していく方法です。よく使われるので、見慣れている人が多いことでしょう。

しかし、この描き方には大きなデメリットがあります。テーマを展開させていったときに、下のほうの階層とテーマとの関係性がうすれてしまうことです。そのため、「何のために考えていたのか」という本来の目的を忘れてしまいがちです。

また、下の階層にたくさんの項目が並んでいると、そこに目を奪われてしまい、階層同士のつながりを感じられなくなってしまいます。

会社の組織図にあてはめると、自分の所属する部署や隣接する部署ばかりに目がいき、「会社の発展のため」という本来の目的に意識が向かなくなってしまうのと同じことです。

その点は、同じ内容をマンダラチャートで描いてみると、違いがよくわかります。全体を見わたす「鳥の目」、部分を見る「虫の目」、全体と部分の関係性を見る「魚の目」によって理解できるため、本来のテーマとの関わりはもちろん、横のつながりも常に意識できるのです。

階層型でとらえることのデメリット

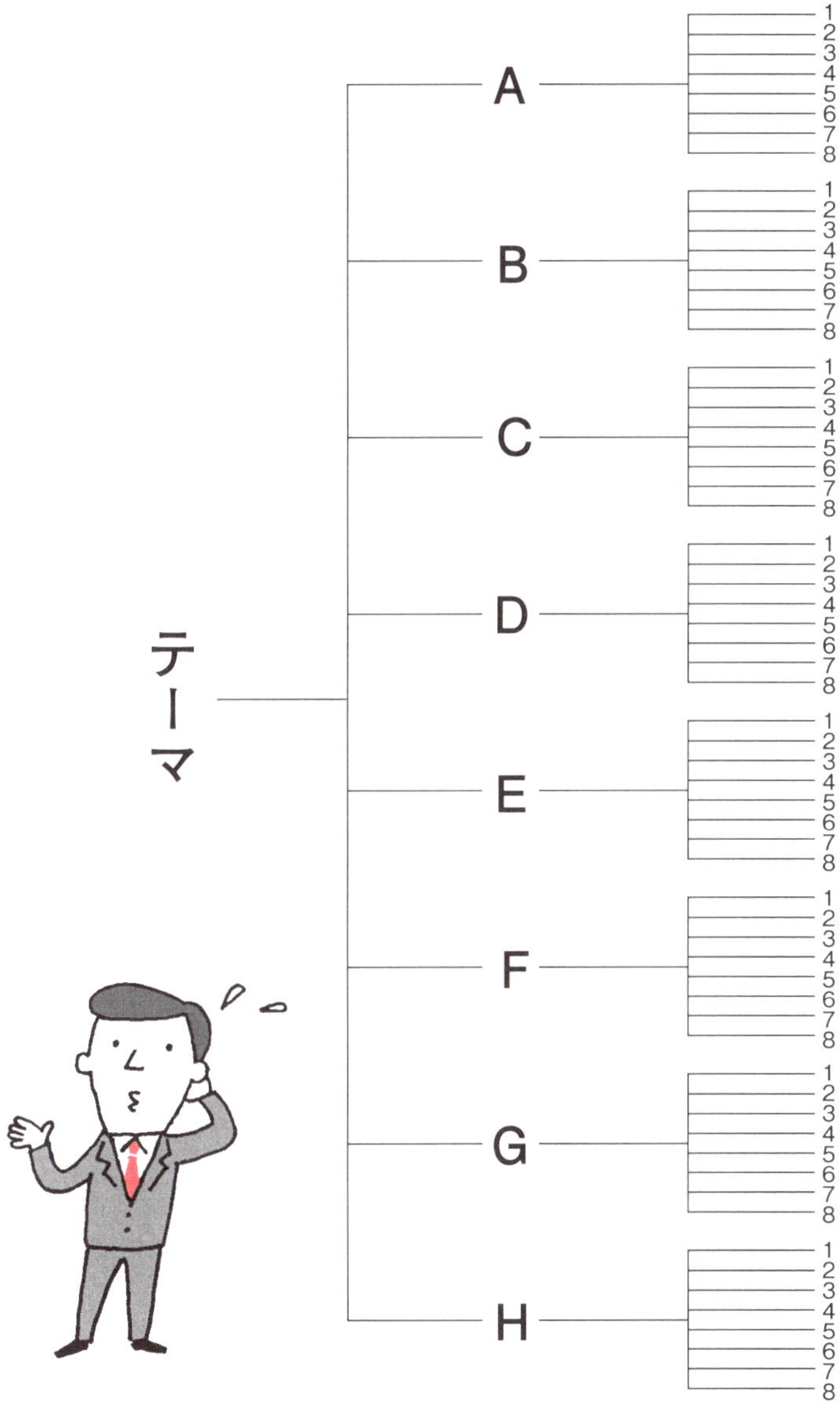

- テーマに対する意識が希薄になりがち
- 下の階層同士の有機的つながりが見えない

9マス思考のメリット

1枚で「全体と部分の関係性」がわかる

人間の思考というものは、複雑で混沌《こんとん》としています。私たちは、それをうまく整理しながら脳の中にしまい込み、必要に応じて引き出しているのです。

ところが、自分自身の思考がうまく整理できていないと、ただ乱雑な状態のままに収納されてしまい、必要なときに必要な情報を引き出すことができません。そんなとき、思考を整理するツールとして役立つのがマンダラチャートです。

マンダラチャートを使えば、複雑な物事がわかりやすく整理でき、物事の「全体と部分の関係性」が一目瞭然となります。それはいわば「複雑な頭の中を図解する技術」といえるものです。

しかも、マンダラチャートの大きな特長は、ビジュアルと論理的思考をあわせもつ構造になっている点にあります。右脳はイメージ脳、左脳は論理脳とよくいわれますが、マンダラチャートは「中心となるテーマと部分との関連性」をイメージとしてとらえると同時に、「そのための具体的な方法」である論理的思考を、1枚の紙の上で表現できるのです。図（イメージ）と文章（論理）のいいとこどりといってもよいでしょう。

自分の思考が1枚の紙で表現できれば、おのずと物事の本質や取るべき行動も見えてきます。仕事においては事業計画の立案から議事録の作成まで、日常生活においては日々の学習、人生の目標の明確化から実現まで、さまざまな場面で活用できるのです。

複雑なものでも見るだけで頭に入る

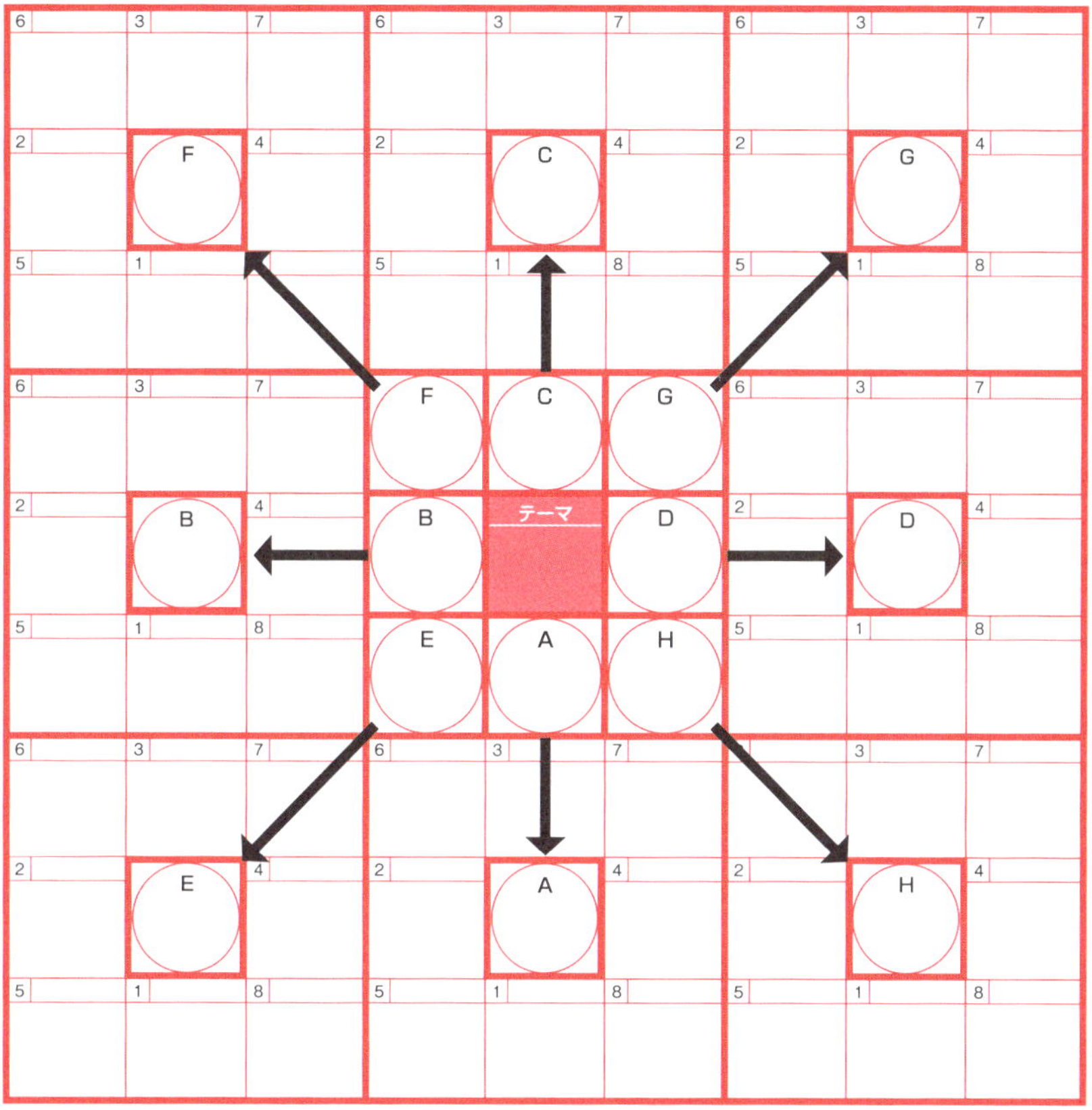

- 常に中心にあるテーマを意識できる
- 「全体と部分と関係性」が一目瞭然

9マス思考のメリット

「目標達成」と「問題解決」の最強ツール

ここまでの説明で、マンダラチャートの大きな特長が、「全体と部分の関係性がひと目で表現できる」ことだとおわかりになったと思います。

このとき、テーマとして中心核に何を据えるかによって、マンダラチャートは大きく「目標設定」と「問題解決」の2つのタイプに分けられます。

中心核に「目標」を据えると、周囲にはそれを達成するためのアイデアやヒントが、バランスよく広がっていきます。

これは、マンダラチャートがもつ「テーマをふくらませていく」機能を活用したタイプであり、具体的には「10年後にチャンピオンになりたい」「ダイエットで理想の体型を取り戻したい」というような目標設定に適しています。

一方、「課題」を中心核に据えると、それを解決するための手順、反省点、注意点などがまとめられていきます。

これは、マンダラチャートがもつ「テーマをまとめる」機能を活用したタイプであり、具体的には「家を購入するのに何が必要か」「子どもの受験を成功させたい」「議事録をわかりやすくまとめたい」「旅行の感動を紙1枚にまとめたい」というような問題解決や整理に適しています。

目標設定も問題解決も、マスの中に思ったことを書き入れるだけで、たちまち上手くまわり出すのが、ほかにはないマンダラチャートの優れた点なのです。

マンダラチャートの2つの使い方

●目標設定…中心核は「目標」。計画力と達成力を高める

仕事

事業計画、プロジェクト立案など

プライベート

ダイエット、トレーニング、部活や習い事の上達など

スケジュール

行動計画（1年）、人生計画（100年）など

●問題解決…中心核は「課題」。思考や情報整理に活用

仕事

アイデア出し、商品開発、クレーム対応、議事録、組織図など

プライベート

読書記録、勉強、旅行記など

9マス思考のメリット

仏教の「智慧」が込められたマンダラチャート

実はマンダラチャートは、仏教の「マンダラ」を原点としています。漢字では「曼陀羅」と表記し、仏教発祥の地であるインドのサンスクリット語で「本質を所有するもの」を意味しています。

仏教でいう「本質」とは「宇宙の真理」のことであり、これを会得すれば悟りの境地に到達できるというのが、仏教の根本的な考え方です。しかし、それは容易に理解できるものではありません。そこで、ブッダの入滅後、弟子たちが仏教の智慧《ちえ》をわかりやすく表現する方法として編み出したのが、マンダラなのです。

日本でよく用いられる「金剛界曼陀羅《こんごうかいまんだら》」は、その中心に「宇宙の真理」を会得した究極の姿である大《だい》日如来《にちにょらい》を置き、その真下から右回りに、8つの区画で仏の世界や人々の救済を表現しています。

この金剛界曼陀羅の思想と形式をもとにして、1枚の図版で世の中の複雑な問題を表現可能にしたものこそが、中心核をもち、3×3の9マス単位で構成されたマンダラチャートなのです。

マンダラチャートに、問題解決、思考の整理、目標実現などの力が込められているのは、そこに仏教の素晴らしい智慧が内在しているからにほかなりません。仏教は、けっして古臭いものではなく、その時代時代の最先端の科学や哲学を総合した知識の集大成でもありました。そこには、時代を超えて現代に通じる智慧が込められているのです。

金剛界マンダラの構造

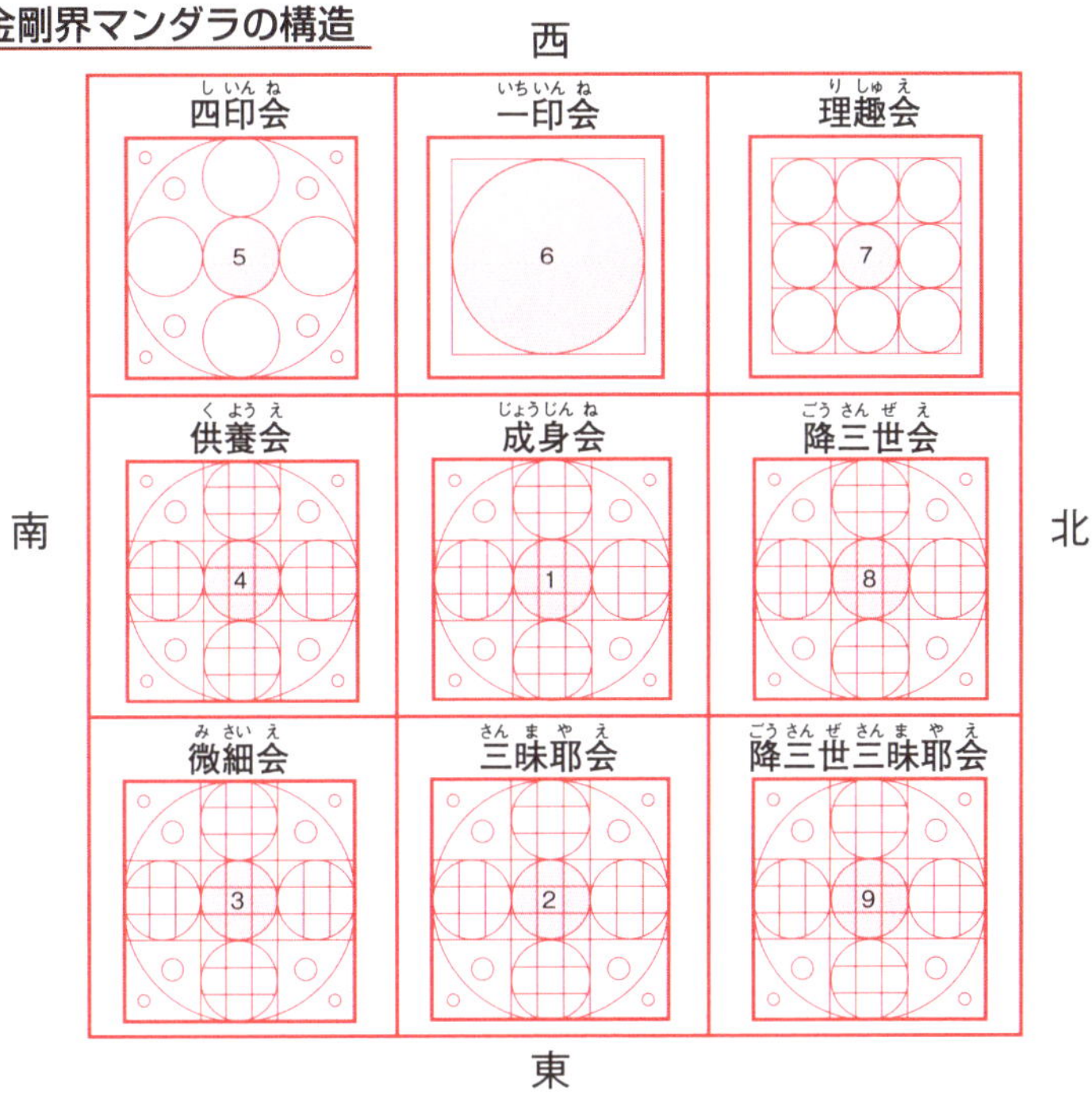

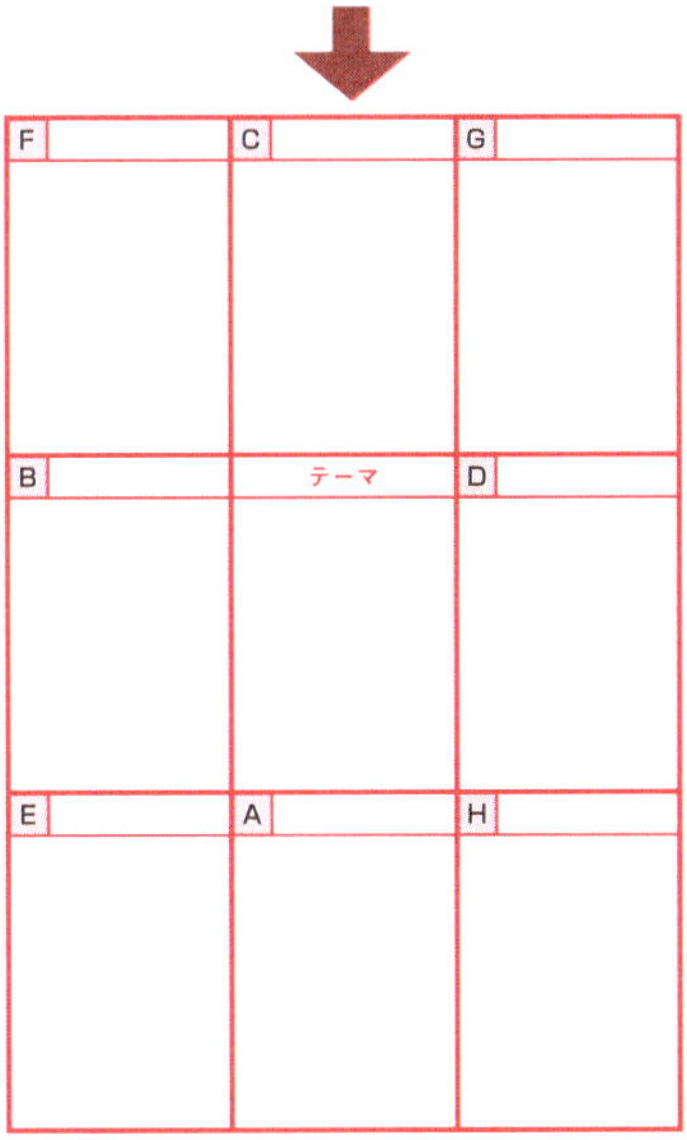

マンダラの思想と形式をヒントに生まれたのが「マンダラチャート」

コラム

「マスにはめて考える」ことの意外な効果

マンダラチャートのA型は、中心核の周囲に8つのマスがあります。こうした構造によって、つる草のように縦横無尽に伸びていく発想を、まず8つに限定します。これが大きなポイントです。

「伸びる先を限定したら、発想や解決法が限られてしまうのでは」と思うかもしれませんが、そうではありません。マスにあてはめて考えることで、逆に具体的で役に立つ発想や考え方が生まれるのです。

小学校の作文の時間で、「なんでもいいから思いついたことを書きましょう」と先生にいわれて、とまどったことはありませんか。困りきって友だちと似たようなことを書いてしまうというのはよくある話。完全に自由であることは、かえって創造性を失わせてしまうのです。

それよりも、「10年後の自分を想像して書きましょう」「この1年で一番印象に残ったことを書きましょう」というように、ある程度のワクをはめられたほうが、いい結果が導き出されます。

実際に活用できる具体的な発想を引き出すには、整理するためのワクが必要なのです。

その上でB型チャートでは、それぞれの考えを、さらに8つに広げていきます。しかし、中心に据えられたテーマが常に意識できるので、考え方をどんどん発展させていっても、発想や思考が散漫になることなく、常にテーマに結びつけておくことができるのです。

「ワク」なしで考えた場合

△思いつくままに書き出す

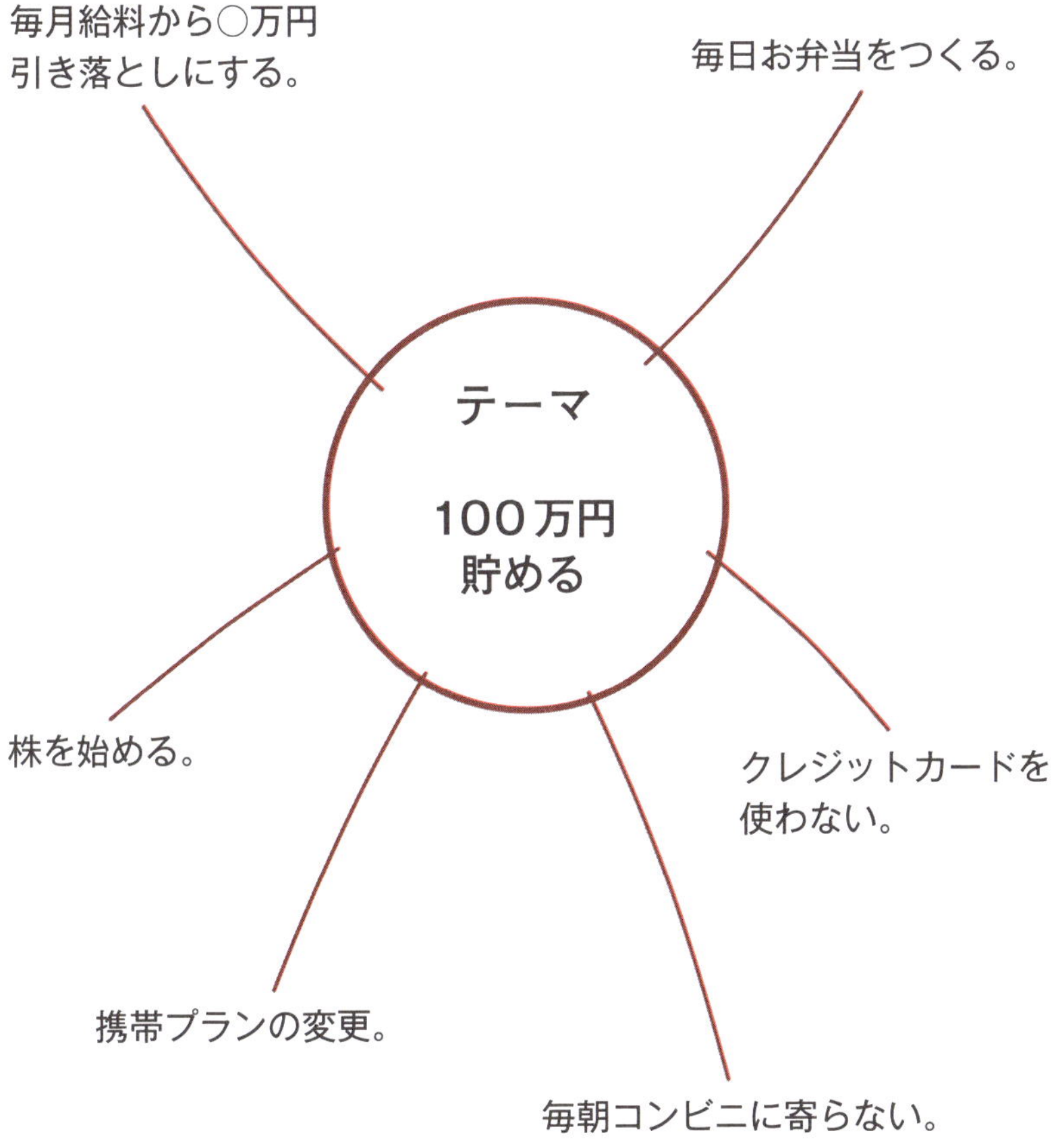

- 思いつきが多く、考えにまとまりがない
- 読み返したとき、頭に入ってきにくい

「ワクあり」で考えた場合

○「マンダラチャート」で書き出す

F お金以外の楽しみ方 ・公園に散歩に行く。 ・豆から挽いたおいしいコーヒーを入れる。	**C 節約** ・毎日お弁当をつくる。 ・水筒持参。	**G 家計の見直し** ・保険の見直し（パンフレット取り寄せ）。 ・携帯プラン変更。 ・株を始める。
B 積立 ・毎月給料から○万円引き落としにする。	**テーマ** 100万円貯めるには!?	**D 買い物** ・クレジットカードを使わない。 ・食材は週１回まとめて購入。
E やめること ・毎朝コンビニに寄らない。 ・衝動買いしない（最低１日考える）。	**A 目的** ・理想の物件に引っ越す！	**H ストレス解消法** ・ヨガをやる。 ・お風呂にゆっくり入る。

- より具体的な方法が引き出せる
- マスを埋めようとすると新しい発想が浮かぶ

第2章

毎日が変わる！マンダラチャート使いこなし術

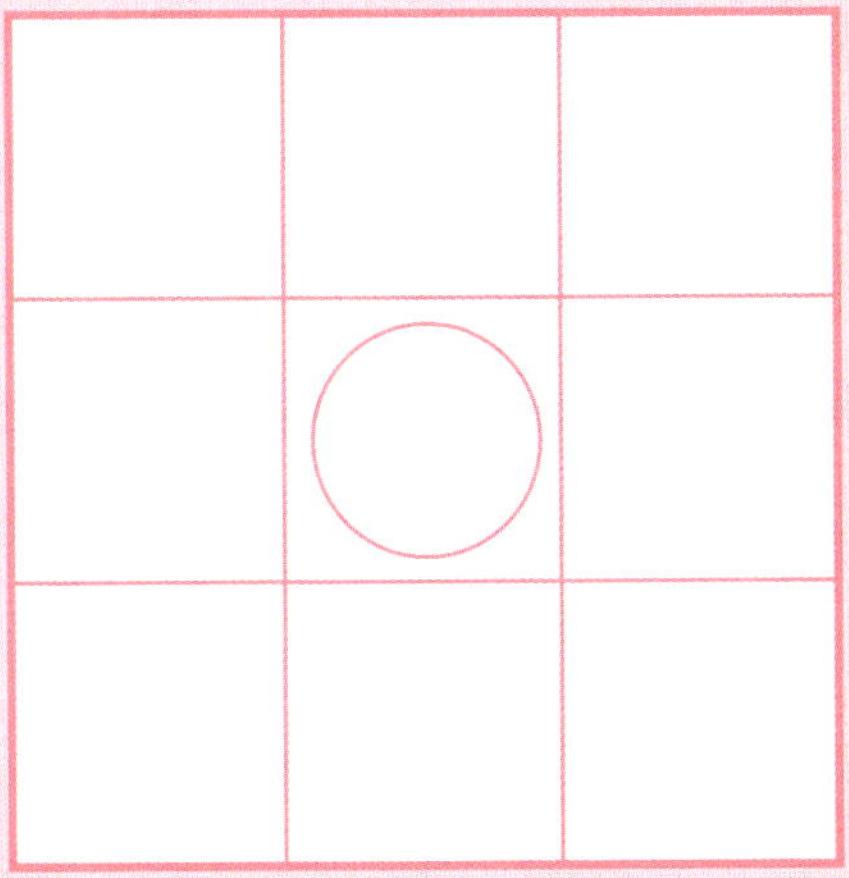

A型チャートの書き方

テーマを中心にマスを埋めていく

A型チャートをじっと見ていくと、A↓Hのエリアの順番を不思議に感じるかもしれません。アルファベットは、エリアを埋める順番を表していますが、センターエリアの下がAからスタートして、左中段↓中央上段↓右中段↓左下隅↓……という具合にとんでいます。

この順番は、第1章で説明した仏教のマンダラに由来しています。金剛界曼荼羅では下が東を指しており、中心に置かれた一番重要な大日如来をはじめとして、東↓南↓西↓北の順に、それに準ずる如来を配置しています。そして、四隅にはさらにそれに準ずる菩薩が置かれているのです。

マンダラチャートでも、それを踏まえてA↓Hの順番がつけられているわけです。でも、そうした由来を知らなくても、まず自分を中心に置いてみれば、その後の順番に、なるほどと思えてくることでしょう。まず真下を埋めてバランスをとり、前後左右が埋まったら、今度は四隅を埋めたくなるはずです。

四隅のE~Hエリアは、A~Dを埋めたあとに思いついたことを入れても構いませんし、それぞれの補充という使い方もできます。

まずは、このA↓Hの順番で書き込んでみてください。必ずしもこの順番を守らなければならないわけではありませんが、マンダラチャートの効果をより実感したいという人は、ぜひこのやり方で記入することをおすすめします。

F	C	G
B	テーマ	D
E	A	H

「マンダラチャート」は（株）クローバ経営研究所の登録商標です。 http://www.myhou.co.jp

B型チャートの書き方

それぞれのマスをさらに展開する

B型チャートを書くときは、まずA型をつくって、それを展開するのが一般的です。そのとき、B型の中心核にあたる9マスに、A型の内容をそのまま書き写します。次に、そのA〜Hそれぞれの内容を、周囲の8つの四角形の中央にあるマスに書き写して、それぞれのテーマとするわけです。B型チャートの1〜8は、A型のA〜Hにあたります。

B型のマス目の数が多いからといって、A型が初級でB型が上級というわけではありません。テーマによって使い分け、簡潔にまとめたいときはA型、じっくりと分析や説明をしたいときはB型とするのがよいでしょう。

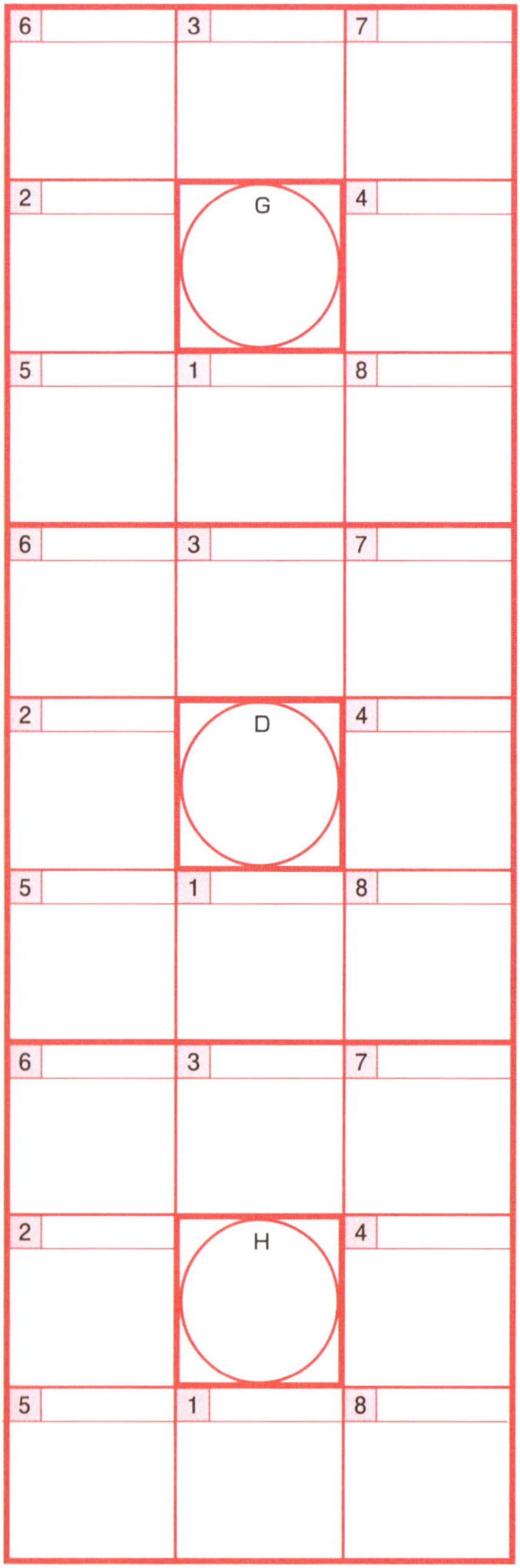

6	3	7	6	3	7
2	F	4	2	C	4
5	1	8	5	1	8
6	3	7	F	C	G
2	B	4	B	テーマ	D
5	1	8	E	A	H
6	3	7	6	3	7
2	E	4	2	A	4
5	1	8	5	1	8

書き方のコツ①

「グ・タ・イ・テ・キ・ニ」書く

マンダラチャートの書き方に決まりはありません。でも、せっかく立派な「夢や目標」(テーマ)を立てたのなら、それを確実に実現したいもの。そこで、マンダラチャートの効果を十二分に発揮できる書き方のコツを紹介しましょう。その第一は、「グ・タ・イ・テ・キ」に書くことです。

・グ……具体的に書く

抽象的な表現では行動が鈍るので、できるだけ具体的に。マス目の中で箇条書きにするのもコツ。

・タ……達成可能なことを書く

高すぎる目標は、途中でくじける原因です。1つ達成したら、また次のチャートをつくりましょう。

・イ……意欲がもてることを書く

人から与えられた目標を書いても、自分が意欲を感じなければ、行動を起こす気が起きないものです。

・テ……定量化する

日数や回数など、なるべく数字に置き換えて書きましょう。ただ「頑張る」といった抽象的な表現では、行動がぶれてしまいます。

・キ……期日を決める

必ず期日を設定すること。そうでないと、いつまでたっても目標は達成できません。

・ニ……日課にする

目標達成には、習慣化することが大切。常に意識して行動できるような方法を考えましょう。

書き方のコツ②

手書きでもパソコンでもOK

マンダラチャートで大切なのは、「どのような内容を書くか」です。「どうやって書くか」については、あまり堅苦しく考える必要はありません。

「手書きでないとありがたみがないのでは？」などという心配もいりません。パソコンで入力しても結構です。むしろ、このあとで解説するように、パソコンのほうが便利でいい点もたくさんあります。

マンダラチャートは、夢や目標を実現するための〝道具〟です。マンダラチャートを書くこと自体が目的なのではないので、自由に楽しく書いていただきたいと思います。

たとえば、色を使ってカラフルにしたり、写真を貼ったりしてもいいでしょう。なりたい姿、行きたい場所のイメージ写真を、雑誌やパンフレットから切り貼りすれば、目標が具体化して意欲がわいてきます。パソコンを使うのなら、デジカメで撮った画像を入れるのもいいと思います。

パソコン操作に慣れた人ならば、エクセルを使ってマンダラチャートを作成することも難しくありません。エクセルの各セルをマンダラチャートの各マス目にすればいいのです。

とにかく、なんでもいいから書き始めることが大事。そのために、自分で一番書きやすい方法を選んでください。いくら頭で考えていても、なかなか考えはまとまらないもの。文字にしてみることで、思いもよらなかったアイデアが出てくることでしょう。

書き方のコツ③

何回書き直してもよい

マンダラチャートは、1回つくっておしまいではありません。できたチャートを見ながら、「いや、ここは違うかな」「もっと、こうするといい」など と自分自身の中で対話をすることに意味があります。そして、何か新しいことに気づいたら、そのたびに細かくバージョンアップしていくというのが醍醐味です。ですから、同じテーマのマンダラチャートは、何枚も書くことをおすすめしています。

手書きの場合、細かい直しが入ることを考えて、鉛筆か消せるボールペンで書き込むのがいいと思います。修正や加工のしやすさという点を考えれば、やはりパソコンのほうが便利でしょう。

そこで私がいつも提案しているのが、書いたマンダラチャートに作成日を記入するということです。これは、見落とされがちですが大切なことです。新しくマンダラチャートをつくったときも、元のチャートは作成日を入れて保存しておきましょう。パソコンの場合なら、上書き保存ではなく、別名で保存をつけて保存しておきます。

目標達成のためのチャートにしても問題解決のチャートにしても、あとになって「やっぱり、この前のほうがよかった」となることがしばしばあるからです。

また、年間目標や経営計画書のように、定期的につくるようなマンダラチャートの場合は、同じようにしてひな型をつくって保存しておくと便利です。

書き方のコツ④

ワクをムリに埋めなくても大丈夫

マンダラチャートを始めたばかりの方からよく受けるのが、「すべてのマスを埋めなくてはいけないのでしょうか？」という質問です。

A型チャートならばともかく、B型チャートの場合、中心核の9マスと周囲の四角形の中心9マスを除いても、64マスもあります。これをすべて埋めるのは大変だと思われるのも当然です。

回答を先にいえば、すべてを埋める必要はありません。空欄のマス目があっても構いませんし、あとになっていろいろと思いついて埋めたくなったら埋めればいいのです。

とはいえ、あまりにもガラガラだとちょっと寂しいかもしれません。そこで、目標達成のチャートを例にとって、どんなことを書いていけばよいか、書き方のコツを1つ紹介しましょう。

それは、「あり方」と「やり方」を分けるということです。「あり方」とは、理想の状態であって、目標設定のゴールにあたるもの。たとえば、「実年齢よりも5歳若くありたい」「みんなが楽しく働ける会社にする」というものです。先にこうした「あり方」を書いておけば、そのための「やり方」として「ジムに週1回通う」「睡眠時間を7時間とる」「鏡の前で笑顔をつくる練習をする」など、次々に浮かんでくることでしょう。これを逆にして、「やり方」を先に書く人が多いのですが、そうすると、なかなか考えが広がっていかないのです。

使い方のコツ①

常に見えるところに置く

マンダラチャートの特長は、常にテーマや目標が意識できるという点にあります。でも、できあがったチャートを机の中にしまい込んでは、そのメリットは活かされません。マンダラチャートのメリットを最大限に活用するには、よく目に触れる場所に置いておくことが重要です。

社内でマンダラチャートを活用している企業では、誰からもよく見えるように、壁に貼り出しているところもあります。家の中ならば、ドアの横やトイレの壁など、1日に何回も行き来する場所に貼っておくのもいい考えです。

パソコンなどのデジタル機器の待ち受け画面に設定しておくのも効果的です。ほかのことで心を奪われていても、画面を見たとたんに夢や目標がよみがえってくることでしょう。スマートフォンや携帯電話では、画面が小さくて細かいところまでは見えないかもしれませんが、それは問題ありません。細かい書き込みが読めるかどうかではなく、夢や目標をもってマンダラチャートをつくったことを思い出して、脳に刺激がもたらされることが大切なのです。

印刷して持ち歩くのも1つの手です。縮小して手帳に貼り込めば、やはり日に何度も目にすることができます。また、B型のチャートをA3判くらいの大きさに印刷してノートにはさんで持ち歩くのもいいと思います。カフェでくつろいでいるときに、ちらりと眺めわたすだけでも効果があります。

使い方のコツ②

「振り返り」が大切

マンダラチャートは、書くことよりも、書いてからのほうが大切です。書いたら終わりではなくて、そこから実行に移していかないといけません。

そこで欠かせないのが「振り返り」です。マンダラチャートとじっくりと向き合って、どこまで実現できたか、本当に目標に近づいているのかを、定期的に振り返ってみましょう。

私は、マンダラチャートを使っている人をたくさん見てきましたが、目標が実現できている人は、きちんと振り返っている人だと断言できます。

振り返るタイミングは、人それぞれあっていいと思います。たとえば、毎週末に20分ほど時間をとって、その週の出来事や夢の実現度を振り返るのでもいいでしょう。毎日、寝る前に5分だけ、その日を振り返るという人もいていいと思います。

そんなこまめでなくても、月末に30分ほど時間をとるのでも構いません。その1カ月間を振り返りながら、あわせてマンダラチャートのバージョンアップをしたり、翌月の目標を設定するというやり方も考えられます。

要は、振り返りを習慣化することが大切。振り返るというのは、生産的でないように見えるために、どうしても面倒になりがちです。でも、ある程度つづけて習慣化してしまえば、歯磨きや洗顔と同じように、やらないと気分がすっきりしない存在になってきます。そうなったらしめたものです。

A型チャートの具体例

A型チャートでダイエットを計画する

それでは、具体的な例を使って、A型チャートの作成方法やB型チャートへの展開方法を説明していきましょう。ここでは、実際にマンダラチャートを活用して、85キロの体重を72キロまで落とした男性の例を取り上げてみます。

最初にすべきなのは、センターエリアに「3カ月筋トレ&糖質オフ」というテーマを書き込むこと。そして、エリア内に決意をしたためています。

A型チャート作成のポイントになるのは、A～Hエリアをどうするかです。肉体改造に必要な要素として、運動、食事、睡眠……などと挙げていくだけでは、なかなか8つは思いつきません。

そこで左のチャートでは、A～Hの内容にメリハリをつけていることに注目してください。A、Bには前段階としての「心構え・動機」と「事前準備」、CとDには重要な要素である「運動」「食事」を設定しました。E～Hは付随する要素です。こういうやり方ならば、たいていのテーマで8つのエリアが埋まるはずです。

A～Hのエリア内には、それぞれの要素に関することを、思いつくままに箇条書きしていきましょう。B型チャートに展開するのが前提ならば、ここではあまり詳しく書く必要はありません。20字以内を目安にまとめます。一度に完全なものに仕上げようとするのではなく、何度も見直して少しずつ追加や修正をしていくのがおすすめです。

F 記録	**C 運動**	**G これは危険・困った点**
①体重＆体脂肪計測（朝） ②食事を写真に撮る ③パーソナルトレーナーに送信 ④グラフの作製 ⑤できなかった時の振り返り ⑥運動の記録（有酸素・筋トレ） ⑦フェイスブック（FB）のアップ ⑧停滞期	①筋トレ 50 分 ②大きい筋肉を傷めつける ③腹筋 ④有酸素運動 ⑤スミスマシンの活用 ⑥自宅でのダンベル ⑦ストレッチ	①禁断症状 ②飲み会の誘惑 1 ③飲み会の誘惑 2 ④まわりの雑音 ⑤困らない注文方法 ⑥お酒の選定 ⑦反動
B 事前準備	**テーマ**	**D 食事**
①パーソナルトレーナーの申込み ②終了時イメージ写真のスクラップ ③週２回トレーニング時間確保 ④近隣者に告知 ⑤前回の失敗 ⑥道具の選定 ⑦トレーナー指導料の準備	**３カ月** **筋トレ＆糖質オフ** ついつい増えてしまう体重。 いつかやろうという気持ちを一年発起して肉体改造（ダイエット）を決意。 今までの成功事例や失敗事例を見つめ直す。 期間限定での生活改善。	①徹底した糖質オフ ②たんぱく質の確保 ③代替食品 ④食事例 ⑤ビュッフェは楽 ⑥お酒 ⑦飲み物 ⑧スイーツ・お菓子
E 日常生活	**A 心構え・動機**	**H メリット**
①朝　洗面＆お風呂後計測 ②通勤 ③昼食までの過ごし方 ④昼食＆おやつ ⑤帰社後 ⑥トレーニング ⑦夕食 ⑧睡眠	①ゴールのイメージ 体重 73 kg（現状 86 kg） 体脂肪 20％以下（現状 30％以上） 実年齢より５歳若い姿 ②周囲の方の喜ぶ姿 ③人前に出ることが増える ④人は見た目が９割 ⑤動作が遅い・疲れ気味 ⑥期間限定での集中 ⑦まわりにカミングアウト ⑧まわりの声は聞き流す	①洋服を買う楽しみ ②久しぶりの方との再会 ③体が軽い ④人間ドックの数値改善 ⑤腹筋が見える ⑥言い訳が少なくなる ⑦節約 ⑧満たされた心

B型チャートの具体例

より詳細なB型チャートに落とし込む

前ページのA型チャートをB型チャートに展開しましょう。まず、中心核にテーマとA～Hの要素を転記。次に、A～Hの要素（「心構え」「食事」など）を、周囲にある8つの四角形の中央にそれぞれ書き込みます。

そして、A型のA～Hで箇条書きした内容を、それぞれ1～8のタイトル欄に書いていきます。これで準備完了。あとは、1～8に関連したことを、それぞれ思いつくままに箇条書きしていけばいいのです。A型で書いたことを、もう一段階具体化した内容になっていくはずです。ここまでまとめることができれば、肉体改造は80％成功したも同然です。

6 お酒	3 外食の誘惑2	7 反動
①この人はハイボールを飲む人と印象付ける ②一人の時は飲まない ③困った時は水を飲む	①糖質オフをいうと面倒臭いと思われる ②食事の断り方を覚える ③宴会に行かない ④食事のない会合にする	①リバウンド ②ご褒美の食事で増量 ③運動の予約を入れないと行かなくなる ④成功経験からの慢心
2 外食の誘惑1	G 困ったこと	4 まわりの雑音
①飲みに行くときは居酒屋を希望する ②食事メインを避ける ③中華は特に避ける ④ビュッフェを活用		①昔の姿の方が良かった ②極端なダイエットは危険 ③食事療法に則っていないので危険 ④体調の心配
5 困らない食事注文	1 肉体のマイナス変化	8
①刺身＆シーフード ②サラダ・枝豆・豆腐 ③唐揚げと焼肉 ④蕎麦	①糖質オフによる集中力の低下 ②食生活変化で便秘 ③肌荒れ、肌の色がくすむ ④筋肉痛・倦怠感	

6 お酒	3 代替食品	7 飲み物
①ハイボール ②焼酎（ウーロンハイ） ③糖質オフビール	①米→豆腐 ②パスタ→豆乳麺 ③パン→ブランパン ④ジュース→豆乳 ⑤カッテージチーズ	①糖分のない飲み物 ②水（常温） ③お茶（無糖） ④無調整の豆乳 ⑤プロテイン
2 たんぱく質の確保	D 食　事	4 食事例
①鶏肉（むね肉・ささみ）。皮は食べない ②刺身・シーフード ③プロテイン		①スープカレー ②シーフード鍋 ③カルパッチョ ④焼肉・蒸し鶏・ソテー ⑤ブランパンハンバーガー
5 ビュッフェは楽	1 糖質オフ	8 スイーツ・お菓子
①自分のペースで選択 ②ホテルの朝食 ③気を使わないので楽	①炭水化物（米・麺類・パン）をオフ ②脂質（揚げ物）をオフ ③根菜類のオフ	①アーモンド・ナッツ類 ②無糖のゼリー ③プロテインをスイーツ代わりにする

6 節約	3 体が軽い	7 言い訳が少なくなる
①外食費の削減 ②お酒代（宴会）の削減 ③既製服は安い ④断捨離するようになる	①目覚めのスッキリ感 ②動作が機敏になる ③疲れがたまりにくい ④睡眠が深くなる	①言い訳が少なくなる ②できない理由よりできる方法を考えるようになる ③チャレンジ精神が増加
2 久しぶりの方との再会	H メリット	4 人間ドック
①第一印象の変化 ②どうして変化したかを聞かれる ③ほめられる、よくなったねといわれるようになる		①メタボリックシンドロームから外れる ②γ-GTPの改善 ③中性脂肪の改善 ④尿酸値の改善
5 肉体の変化	1 洋服を選ぶ楽しみ	8 満たされた心
①腹筋が見えるようになる ②ウェストまわりがスッキリ ③お尻まわりがスッキリ ④肩まわりのサイズダウン ⑤顔のむくみの減少	①LサイズからMサイズへ ②アメリカ製のシャツがSサイズになる ③薄着が楽しい ④ぴったりした服になる	①気持ちに余裕が出る ②達成感・成功感 ③前向きな気持ちになる ④ほめられる

6 運動の記録 ①筋トレ記録（ベンチプレス回数・スクワット回数） ②有酸素記録（時間数を記入）	3 食事の記録送信 ①夕食後にパーソナルトレーナーに食事画像と朝の体重体脂肪を送信 ②ひな形を使うと楽	7 SNS ①SNSのアップ ②近況を中心にして肉体改造はあまりいわない ③宴会や食事の記事は見ない	6 自宅でのダンベル ①腕の筋トレ ②僧帽筋の筋トレ ③太ももの筋トレ	3 腹筋 ①筋トレ終了時15回×3セット ②自宅でも可能 ③毎日可能だが週3目安	7 ストレッチ ①運動終了後ストレッチ ②お風呂でマッサージ ③ストレッチポール活用 ④起床時・就寝時
2 食事の写真 ①食事の画像を撮る ②お酒も記録 ③おやつはとらない ④記録は短時間でルーティーン化する	F 記　録	4 グラフの作成 ①体重&体脂肪をエクセルで作成 ②グラフにする ③スマホ連動の体重計	2 筋トレ ①ベンチプレス ②スクワット ③ラットプルダウン ④レッグプレス・レッグカール・ランジ	C 運　動	4 有酸素運動 ①筋トレ後が効果的 ②45分・60分のフィットネスのレッスンに出る ③ランニングマシン（20分以上）
5 できない時の振り返り ①食事の振り返り ②運動の振り返り ③睡眠の振り返り	1 計測 ①体重 ②体脂肪 ③朝お風呂を出たあと計測 ④エクセル（手帳）記入	8 停滞期 ①最初の1週間は一気に減るボーナスポイント期間（3kg以上） ②2週間・1カ月半が停滞期だが焦らないこと	5 スミスマシンの活用 ①滑車が付いているので安心 ②慣れてきたら活用 ③混んでいるため譲り合う	1 運動の頻度 ①週2回 ②違う部位を交互にする ③10回が限界の重さを最大3セット ④大きい筋肉をメイン	8
6 道具の選定 ①トレーニングシューズ ②トレーニングウェア ③体重計 ④調味料（オリーブオイル・カレー粉等）	3 運動時間確保 ①週2回（火曜&金曜）夕方60分トレーニング ②3カ月分事前予約 ③日程変更は事前申請 ④週末のうち1回自主トレ	7 トレーナー指導料 ①契約の確認 ②返金制度の有無の確認 ③終了時振込	F 記　録	C 運　動	G 困ったこと
2 終了時の写真 ①終了時の写真イメージを手帳にスクラップ ②昔のやせていた写真をスクラップ ③太った写真もスクラップ	B 準　備	4 近隣者に告知 ①家族 ②大切な方 ③同僚 ④友人	B 準　備	テーマ 3カ月 筋トレ＆ 糖質オフ	D 食　事
5 前回の失敗 ①有酸素運動のみ ②1種類のみの食事ダイエット ③テレビ・雑誌等の安易な真似	1 パーソナルトレーナー ①パーソナルトレーナーの申込み ②相性が重要 ③達成感を共有できる ④食事の管理	8	E 日常生活	A 心構え	H メリット
6 トレーニング ①筋トレ ②有酸素 ③ストレッチ ④水泳	3 業務中 ①メリハリをつける ②昼食後は糖分が少なくなって禁断症状が出た ③集中力が出る時間配分	7 夕食 ①鍋・スープにする ②鶏肉はもも肉とささみ ③温野菜 ④シーフード ⑤プロテイン	6 期間限定 ①期間を3カ月と決定 ②ゴール日程を決める ③ゆるやかなスローダウン ④期間中はストイックに	3 人前に出る ①人前に出る機会が多いので立ち振る舞いを変更 ②姿勢改善 ③ワンサイズ小さい服	7 カミングアウト ①肉体改造宣言をする ②FBで途中経過報告 ③家族への告知 ④限られた人にいう
2 通勤 ①駅までの徒歩は速足 ②電車の中でも立ちながらストレッチ ③気分転換で1駅多めに歩く	E 日常生活	4 昼食 ①揚げ物→焼く・蒸す ②丼ご飯→豆腐に置換 ③シーフードを増やす ④炭水化物・糖質を削減 ⑤ブランパン	2 周囲の喜ぶ姿 ①大切な方の喜ぶ姿 ②家族への安心 ③友人の驚く姿 ④取引先の信頼	A 心構え	4 見た目が9割 ①第一印象は見た目で9割決まる ②清潔感 ③軽装感 ④信頼感
5 帰社後 ①帰社時間を明確にする ③規則正しい生活 ③人と会う頻度を減らす ④食事の買い出し	1 朝 ①起床後DVDストレッチ ②洗面・お風呂 ③体重計測 ④朝食（画像を撮る）	8 睡眠 ①12時前就寝 ②湯船につかる ③プロテイン ④軽いストレッチ ④空腹で睡眠	5 疲労改善 ①疲れやすい体の改善 ②睡眠時間の確保 ③質の高い睡眠 ④規則正しい生活	1 ゴールのイメージ ①体重73kg 現状86kg ②体脂肪率20%以下 現状30%以上 ③実年齢より5歳若い姿	8 周囲の声 ①さまざまなアドバイス・雑音は聞き流す ②改造方法で議論しない ③肉体改造をあえていわない

マンダラチャートを使った事業計画（A型）

マンダラチャートは、もともと経営計画や事業計画の立案に活用されてきました。これは、目標達成と問題解決という、マンダラチャートの2つの特性を十分に活かした分野といってよいでしょう。

ここでは事例として、「ある店舗を任されている店長」という設定で、A型チャートを作成します。センターエリアに入るテーマは、自分の所属する店舗名です。次に、業務内容を8つに分けて考えて、A～Hのエリアに左ページのように書き入れました。以下に、各項目に記入した内容を説明していきましょう。大切なのは、当たり前に思えることでもいちいち書き出すこと。そうすることで、自分以外の人が見ても理解できるようになります。

Aエリアには目標達成のための具体的な数字を記入。Bエリアには、将来期待できるスタッフを挙げてみました。Cエリアでは、発注や在庫管理、商品不良の対応などを入れます。Dエリアは、接客や販売プロモーション、情報収集などを記入していきます。Eエリアは、販売業務が忙しくてもおろそかにできない、大切な分野です。Fエリアには、自店と関わりのあるセクションについて記入。Gエリアには、シフト作成や有給休暇、福利厚生などを記入し、働きやすい店の実現を目指します。Hエリアは、事業計画と関係がないように見えますが、業務遂行だけが仕事の目的ではありません。仕事を通して自分自身が成長するようなことを記入しています。

F 他部門との連携 ①販売部 ②商品部 ③情報システム部 ④経理部 ⑤a店舗 ⑥物流センター ⑦教育部門	**C 商品管理** ①発注 （毎日14時までに終了） ②在庫管理 （売れ筋確保・不良在庫に注意） ③商品不良の対応 （お客様センターと連携） ④棚卸 （8月実施）	**G 労働環境** ①勤務シフト （毎月10日までに） ②残業 （残業ゼロを目指す） ③有給休暇 （全員100%消化） ④福利厚生 （健康診断6月）
B 人材育成 ①店長代理・山田 （次期店長として教育） ②社員・小林 （接客指導・紳士衣料担当） ③社員・渡辺 （新人教育・子ども服担当） ④契約社員・石川 （正社員登用試験対策・雑貨担当）	**テーマ** **事業計画** 東日本エリア 〇〇店 2018年上期	**D 販売戦略** ①販売プロモーション （完全着地） ②販促物 （自店オリジナルPOP作成） ③商品知識 （勉強会の実施） ④接客 （挨拶と笑顔の絶えないお店） ⑤クリンリネス （開店前・閉店後・月末清掃の実施） ⑥情報収集 （競合店視察）
E 経理業務 ①売上報告 ②カード・商品券 ③売掛金管理 （月2回入金確認） ④ミスの防止 （レジ点検の実施）	**A 利益計画** ①売上 （予算〇円） ②粗利益 （予算●円） ③客数：前年比110% （客単価100円アップ） ④経常利益 （□円達成）	**H 自己啓発** ①人脈づくり （他のテナントとの交流） ②資格取得 （〇試験□級合格） ③読書 （月10冊目標） ④セミナー・講演会の参加

仕事で使えるマンダラチャート

マンダラチャートを使った事業計画（B型）

A型チャートで作成した事業計画をB型に展開して、実際に実行できるレベルに落とし込みましょう。

B型の記入には、「グ・タ・イ・テ・キ・ニ」が大切。たとえば、Aエリアの「利益計画」には、売上予算の前年比などの詳しい内容を書くわけです。大切なのは、自分の業務の中で優先度の高いものを展開していくこと。それによって、自分自身の業務が改めて整理でき、やるべきことが明確になります。

今回は店長という設定でしたが、実際には経営者から役員、スタッフ、パートに至るまで、B型チャートを使い、それぞれの仕事を事業計画として作成している会社もあります。ぜひ試してみてください。

6	3 有給休暇 ・全員が 100%消化するようにする ・有休消化の事前計画を立てる	7
2 残業 ・事前申請の徹底 ・残業ゼロを目指す	G 労働環境	4 福利厚生 ・健康診断全員参加（6月） ・日帰り旅行（店休日）
5	1 勤務シフト ・毎月 10 日確定	8

6 情報収集 ・競合店舗月2回視察 ・業界紙の店内閲覧	3 商品知識 ・勉強会の開催（毎週月曜日）	7
2 販促物 ・自店オリジナルPOPの作成 ・カタログを切らさない	D 販売戦略	4 接客 ・挨拶と笑顔の絶えないお店 ・「お客様カード」による顧客管理の徹底
5 クリンリネス ・開店前・閉店後清掃の実施 ・月末大掃除の実施	1 販売プロモーション ・月間プロモーションの完全着地	8

6	3 読書 ・月 10 冊ビジネス書を読む ・読書日記の作成	7
2 資格取得 ・○試験□級合格	H 自己啓発	4 セミナー・講演会 ・興味のあるものに月1回以上参加
5	1 人脈づくり ・ほかのテナントとのコミュニケーション ・異業種交流会の参加	8

6 物流センター ・納品時のトラブルゼロ	3 情報システム部 ・店舗パソコン ・POSレジ ・発注システム	7 教育部門 ・店長研修 ・次期店長研修 ・新人研修	6	3 商品不良対応 ・検品の実施 ・お客様センターへの速やかな報告	7
2 商品部 ・商品納品計画書（月次） ・商品に関する情報交換	F **他部門との連携**	4 経理部 ・売上報告 ・売上金回収	2 在庫管理 ・ABC分析の実施 ・不良在庫の処理	C **商品管理**	4 棚卸 ・8月実施 ・1カ月前より準備開始
5 a店舗 ・情報交換 ・スタッフのヘルプ ・月1回の合同ミーティング	1 販売部 ・月1回店長会議 ・販売計画	8	5	1 発注 ・毎日14時までに完了 ・プロモーション商品欠品ゼロ	8
6	3 社員・渡辺 ・売上目標□円 ・新人教育担当 ・子ども服担当	7	F **他部門との連携**	C **商品管理**	G **労働環境**
2 社員・小林 ・売上目標○円 ・接客指導担当 ・紳士衣料担当	B **人材育成**	4 契約社員・石川 ・売上目標△円 ・正社員試験対策 ・雑貨担当	B **人材育成**	テーマ 事業計画 東日本エリア ○○店舗 2018年上期	D **販売戦略**
5	1 店長代理・山田 ・店長のサポート ・売上目標◎円 ・次期店長研修参加 ・部下の育成 ・婦人衣料担当	8	E **経理業務**	A **利益計画**	H **自己啓発**
6	3 売掛金管理 ・回収率100% ・月2回の入金確認（1日・15日）	7	6	3 客数・客単価 ・前年客数▲人→◆人（前年比110%）達成 ・前年客単価×円→◎円（100円アップ）達成	7
2 カード・商品券 ・取り扱い可・不可のものに注意 ・会社別の処理方法の教育	E **経理業務**	4 ミスの防止 ・1日2回レジ点検 ・万券の管理ルール作成	2 粗利益 ・粗利益●円（粗利益率■%）達成	A **利益計画**	4 経常利益 ・□万円達成
5	1 売上報告 閉店後速やかに経理にデータ送信	8	5	1 売上 ・予算○円（前年比◇%）達成	8

仕事で使えるマンダラチャート

マンダラチャートで組織図をつくる

組織図は、階層型で示されることが多いのですが、マンダラチャートで作成すると、部署ごとの方針や担当者の役割も記入することができて便利です。

前ページと同じように、店長がスタッフの役割を表現するケースを例にとってみましょう。部下である店長代理、社員、契約社員などの名前をA～Hに記入。B型に展開するときに、それぞれのチームに所属するパートやアルバイトなどの名前も入れてみました。こうすることで、一人ひとりのスタッフに期待する役割や数値目標なども記入できます。それぞれのスタッフと相談しながら作成すれば、コミュニケーションツールとしても役立ちます。

6	3	7	6	3 パート・斉藤 ・子ども服チームパートリーダー ・プロモーションの着地 ・トドラー発注担当 ・商品整理	7			
2	F	4	2 新入社員・田中 ・プロモーションの着地 ・ベビー服発注担当 ・商品整理	C 社員・渡辺 子ども服 担当	4 パート・井上 ・マタニティ発注担当 ・商品整理			
5	1	8	5 アルバイト・和田 ・商品整理 ・レジ担当	1 社員・渡辺 ・売上目標□円 ・新人教育担当 ・子ども服部門責任者 ・プロモーションの着地	8			
6	3 パート・吉田 ・紳士衣料チームパートサブリーダー ・ニット・シャツ発注担当 ・商品整理	7	F	C 社員・渡辺 子ども服 担当	G			
2 パート・石井 ・紳士衣料チームパートリーダー ・プロモーションの着地 ・カットソー発注担当 ・商品整理	B 社員・小林 紳士衣料 担当	4 パート・小川 ・アウター発注担当 ・商品整理	B 社員・小林 紳士衣料 担当	テーマ 組織図 ○○店舗 店長・鈴木 2018年上期	D 契約社員・ 石川 雑貨担当			
5 アルバイト・加藤 ・商品整理 ・レジ担当	1 社員・小林 ・売上目標○円 ・接客指導担当 ・顧客台帳管理 ・紳士衣料部門責任者	8	E	A 店長代理・ 山田　婦人 衣料担当	H			
6	3	7	6 パート・内田 ・経理チームリーダー ・経理業務 ・事務	3 パート・伊藤 ・婦人衣料チームパートサブリーダー ・ニット・シャツ発注担当 ・商品整理	7 アルバイト・大川 ・経理業務 ・事務			
2	E	4	2 パート・高橋 ・婦人衣料チームパートリーダー ・プロモーションの着地 ・カットソー発注担当 ・商品整理	A 店長代理・ 山田　婦人 衣料担当	4 パート・中村 ・アウター発注担当 ・商品整理			
5	1	8	5 アルバイト・佐々木 ・商品整理 ・レジ担当	1 店長代理・山田 ・店長のサポート ・売上目標◎円 ・部下の育成 ・婦人衣料部門責任者	8			

コラム

うまくいっている人のマンダラチャートの秘密

「目標達成できている人は、マンダラチャートにどんなことを書いているんだろう」と、気になりませんか。

マンダラチャートの書き方には正解も不正解もありませんが、思考がマンネリ化してしまったり、具体的な落とし込みがうまくいかないとき、人の書いたマンダラチャートを見ると、非常に参考になります。そこで第3章ではA型チャート、第4章ではB型チャートの事例をご紹介していきます。

実はここで紹介している事例のほとんどは、マンダラチャートを実践している方々から提供していただいたものです。

毎年行っている「マンダラチャート・フェスティバル」（124ページ参照）というコンテストに入賞したものの中から、選りすぐりの作品を集めました。

テーマも、仕事や勉強以外に、スポーツの上達や旅行記録、育児や家族に関するものなど、多岐にわたります。

これらの事例を見ていただければ、「マンダラチャートってこんなに自由な発想で書いていいんだ！」とさまざまな発見があることでしょう。

最初はうまく書けなくても大丈夫。修正を加えたり書き直すことで、どんどんバージョンアップしていきます。最初から完成形を目指さずに、頭の中を整理する気持ちで、浮かんだことをどんどん書き出していってみてください。

第3章

事例でわかる！A型チャート活用法

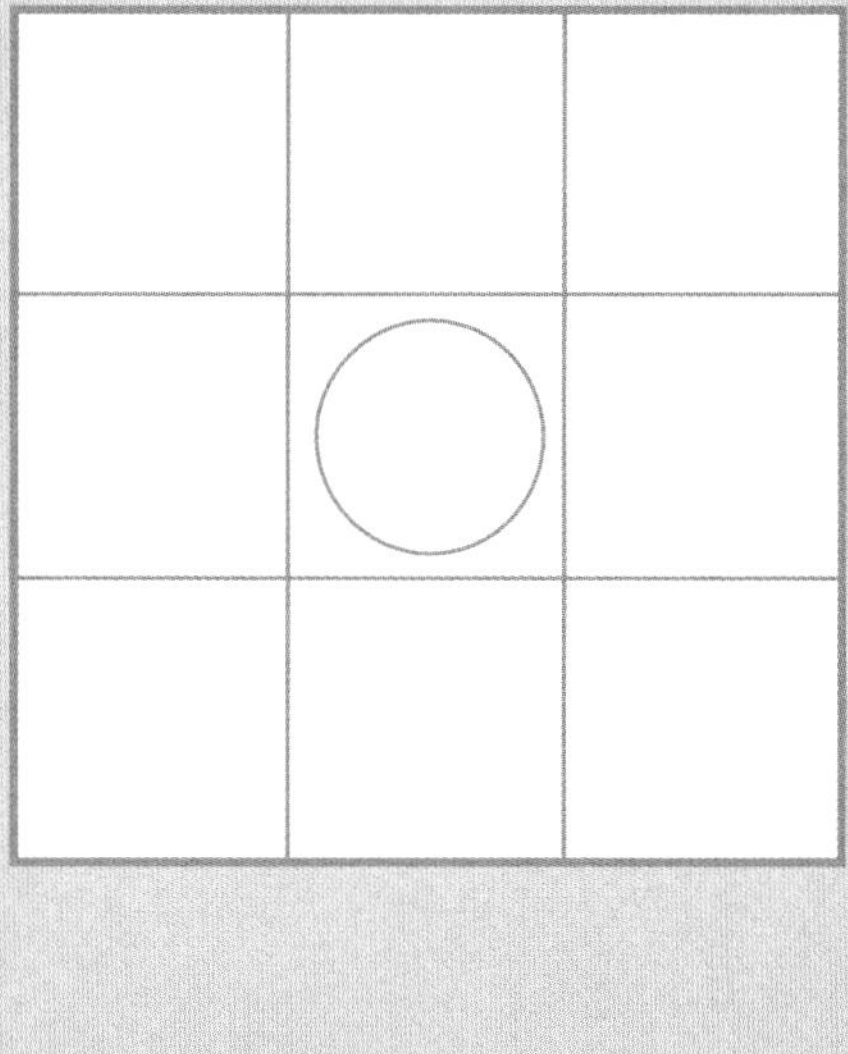

A型チャート活用法①

目標達成シートをつくる

作成者は経営コンサルティング会社の幹部で、企業研修・社員研修を行う講師として活躍しています。

日々の生活の中では、忙しさを理由に目標を見失ってしまうことが多いものです。そこで目標を達成するためにマンダラチャートを作成し、自分の夢・目標を明確にして日々の行動をチェックするようにしています。

1年後・3年後のビジョンを明確にして達成すべき項目を具体的に記入します。毎朝音読しながら見ることで脳に刷り込みを行い、自分がどんな方向に進んでいるかを確認し、日々の活動にやる気を与えているそうです。また、1年間の目標でも半年ごとに達成状況の確認と振り返りを行い、内容も修正を加えています。

この目標達成シートは、毎年必ず作成しているとのこと。最初は大変ですが、2年目以降は以前作成したものをもとに、

①達成されたものは継続する
②できなかったものは再設定する
③新しい目標を作成する
④辞めることを取捨選択する

という見直しを加えることで、より精度の高いものができるようになります。最初のうちは、抽象的な夢や願望、希望など、行動レベルに落とし込めない目標が多くても、続けていくうちにより具体的なレベルに落とし込んだものができるようになります。

F 達成目標1年

①タイ視察で英語力発揮
②沖縄○○研修企画
③○○サミット企画
④沖縄社員研修
⑤ランチェスター英語本読破
⑥○○コンテンツ拡充
⑦○○人間学道場
⑧○○塾カリキュラム完成
⑨ハワイバカンス
⑩ジョギングで体力増強

C ビジョン1年・3年

1年後
私は元気で健康で毎日、○○道場で講師をしている。参加者はキラキラした目で話を聞いている。
OBが成功事例報告にくる
○○海外研修で経営者が輝く。
3年後
私は経営の学校の講師をしている。経営の学校ではOBが講師をしている。講師養成講座を行っている。
慰安研修はイタリア。
冬は沖縄、夏はマレーシアで講義。
○○仲間は大成功、日本が良くなっている。

G 達成目標3年

①経営の学校設立
②○○講師育成
③○○アジア研修
④体力増強（80歳まで現役講師）
⑤ランチェスター英語道場
⑥常にスタイリッシュ
⑦○○クルージング研修
⑧字幕なしで海外映画を見る
⑨ハワイバカンス
⑩沖縄○○研修

B ルーティン（日々）

①寝る前10分カーネギー読書
②毎朝、線香と般若心経
③夜、10時以降食べない
④天声人語書き写す
⑤英語の勉強1時間
⑥正しい姿勢を保つ
⑦基本階段を使う
⑧風呂に20分浸かり振り返り
⑨家ではTVを見ない
⑩ストレッチ20分

テーマ

私の目標達成
私は大阪で経営の学校を設立します。
200社登録し、経営者とスタッフが自由に継続勉強できます。
経営・営業・基本概念・人間学・顧客対応・コミュニケーション・などが勉強できる。
そんな場所を作り、中小企業を元気にします。

D ルーティン（年間）

①ランチェスター英語本読破
②年間12冊読破
③ゴルフ年間6回
④月1回天然温泉でリラックス
⑤イタリア研究
⑥デッサンをする
⑦車でCDで勉強
⑧人間の格書き写し
⑨年間6回母と墓参り
⑩海外視察年2回

E 自尊心を高める

私の良い所
①笑顔が素敵
②スマート&スタイリッシュ
③上品でエレガント
④時間を大切にする（厳守）
⑤和を以て貴しとなす
⑥日々向上する
⑦継続力がある

過去があるから今がある。

私は幸せになるために生まれてきた、そして多くの人を幸せにすることで自分も幸せになる。

A アファーメーション

継続的に○○道場を学んでいる経営者が成功事例の報告に来た。

会社が成功し、粗利が平均の5倍確保、お客様も良い対応で喜び、スタッフも働くことに喜びを感じている。

経営者はどんどん勉強し、カッコ良くなりそれにあこがれてどんどん人が入ってきている。

会社が良くなり、地域が良くなる。

そんな状態になっている。

私ももちろん成功者としてカッコ良く世界を股にかけてビジネスをしている。

H 決意表明・協力者

私は自分で決めたことをやり遂げる。それは、私のまわりにいる皆様のおかげです。みなさん、ありがとう。

協力者
N株式会社スタッフ
○○仲間
A仲間
皆が頑張るのでそれが当たり前になる。皆が輝いている。

A型チャート活用法②

「なりたい自分」を思い描く

30代の父親が、10年後も娘に好かれている理想像を落とし込んだマンダラチャートです。

娘を持つ父親ならば「大人になっても娘に好かれていたい」と思っているはず。「女の子が父親を好きなのは小さいうちだけ」という話をよく聞きますが、自分なりに今できることを考え、「もてる父親」を目指したいとのことで、外見的にも内面的にも磨きをかけようと努力しているのが伝わってきます。

計画は1年ごとに評価をして、更新しているそうですが、毎年自分の誕生日に見直しを行っているとのこと。誕生日をこのように人生計画の見直しのタイミングにするのは、とても有意義だと思います。

この作成者の場合、ここからさらに「マンダラ手帳」（第5章参照）とも連動させ、日々意識するようにしています。

中心エリアに現時点の自分（父親）と娘の年齢を記入し、「私の考える、娘にもてる条件」を6つ記入しており、そこから具体的に落とし込んでいるのがいいですね。

Aエリアは10年後の父娘の理想像として行動レベルに落とし込める項目を作成、Bエリアは父娘の最悪像としてそうなってはいけないことを記入、Cエリア以降では10年後の理想を記入しつつ、そのために今できることを記入する形式になっています。

マンダラチャートは家族円満にも役に立つツールなのです。

F 趣味

10年後の理想
・娘たちの共感できる趣味に夢中になっている。
・趣味の仲間だけでなく、妻とも一緒に楽しんでいる。
・娘にも参加したいと思われる。

そのために、今できること
①登山に行った写真を家族に見せる。
②子どもでも登れる山に連れて行く。
③趣味仲間と家族ぐるみでバーベキューやキャンプをする。

C おしゃれ・清潔感

10年後の理想
・体は引き締まり細マッチョ。
・普段着や靴のセンスがいい。
・友だちのお父さんよりもスマートでおしゃれ。
・ヘアースタイルがかっこいい。

そのために、今できること
①エスカレーターは使わない。
②家着で休日を過ごさない。
③「服なんてなんでもいい」をやめて妻と一緒に服を買いに行く。
④通勤電車の中でおしゃれな人をチェックする。

G 教養

10年後の理想
・娘たちに考え方や、先人の知恵を教えてあげられる。
・読書をよくしていて、読み終えた本が本棚にずらっと並んでいる。
・娘たちに勉強を教えている。

そのために、今できること
①1カ月に1冊の本を読む。
②定期的に研修やセミナーに参加する。
③魔法の質問の勉強を継続する。

B 父娘の最悪像

・「お父さん、くさい」といわれる。
・「一緒に洗濯しないで」といわれる。
・仕事から帰ってきたら嫌がられる。休みの日を嫌がられる。
・口を利いてくれない。
・「うざい」といわれる。
・「どうせ、お父さんにいってもさ…」といわれる。
・友だちのお父さんと比べられる。
・友だちをうらやましがられる。

テーマ

10年後も娘に好かれる父であるために

2014年9月現在
私…37歳　長女…8歳　次女…3歳
「お父さん、だいすき〜」と叫んでくっついてきてくれる可愛い娘たち。そんな光景が10年後にはどうなっているのか…。

私の考える、娘にもてる条件
1. おしゃれであり清潔感があること
2. 仕事ができる男であること
3. 料理が上手なこと
4. 趣味を楽しんでいること
5. 教養があること
6. 話しやすいこと
明るい未来の創造には「今」が大切。娘にもてる条件を満たすための一歩を、決意とともにここに記す。

D 仕事ができる

10年後の理想
・どんな仕事をしているかを娘たちも理解しており、将来は同じ仕事に就きたいと思っている。
・仕事に対してプライドを持っている。
・肩書きがついている。
・同僚から慕われている。

そのために、今できること
①目の前の仕事を確実にこなす。
②仕事の愚痴を家ではこぼさない。
③仕事で楽しかったことを娘たちに話す。

E 料理上手

10年後の理想
・娘の喜ぶ料理が作れる。
・おしゃれな創作料理が作れる。
・母(妻)が留守でも食事がおいしい。
・母(妻)の作らないものが作れる。
・手際がよく、盛りつけもきれい。

そのために、今できること
①休みの日は積極的に台所に立つ。
②外食の機会やメディアで紹介されたメニューのイメージを覚えておく。
③妻を手伝う。妻の弟子になる。

A 10年後の父娘の理想像

・娘と一緒におしゃれなカフェやバーに入ることができる。
・娘とデートして、おしゃれな洋服を選んでもらう。
・娘と一緒に映画を観に行ったり、コンサートに行ける。
・仕事から帰宅したら、玄関に迎えに来てくれる。
・父親として、男として尊敬されている。
・困ったときに頼ってくれる。
・なんでも相談してくれる。
・記念日にお祝いしてくれる。

H 話しやすい

10年後の理想
・学校での出来事をたくさん話してくれる。
・恋の相談を娘たちから受ける。
・困り事や悩み事を、父を頼って相談してくれる。

そのために、今できること
①家族の話を「〜しながら」で聴かない。
②うなずき、相槌を打つ。
③相談については一緒に考える。
④向き合うことよりも寄り添うことを意識する。

A型チャート活用法③

プロジェクトを立ち上げる

自社のホームページを作成する際に、どのようなコンテンツが必要か、問題・課題があるかを検討するために作成されたチャートです。このように、何か新しいプロジェクトを立ち上げる際にも、マンダラチャートはおすすめです。

Aエリアは背景、なぜその企画をするのか、企画を思いついた経緯、現状の問題点を抽出・洗い出しをします。Bエリアは目的、今回の企画として何が得られるか、問題点の解決方法を記入します。Cエリアはターゲット、ホームページを見て商品（サービス）を求めている顧客を記入します。対象は現状の顧客や将来の顧客、年齢層、性別、業種、地域等さまざまなので、このように洗い出していくことで自分の思考も整理できます。Dエリアの競合他社は、ライバルがどのような状況か調査したものを記入します。Eエリアはコンテンツを書いていきます。事前にミーティングを行い、出てきたものをまとめるのもいいですね。Fエリアは関わるメンバーを記載し、社内・社外・協力者も入れて役割を明確にします。Gエリアは作成期間・リリース日と期限を記入します。最後のHエリアには課題・問題点として今までの中から考えられることを記載します。

企画についてまとめる際には、5W2H（いつ・誰が・何を・どこで・なぜ・いくらで・どのように）を意識して記入するようにし、時間・コスト・運用・人員などを再確認するとよいでしょう。

F 担当者

【フォーマット】

関わるメンバーすべてを記載。

(お客様がいる場合はメンバーを記載)

誰がどの役割かも、明確に記載することにより、それに紐付く問題点等も他の枠で明確になる。

【使用例】
リーダー　:〇〇 ⇒ 最終確認者
他メンバー:△△ ⇒ 開発責任者
Sさん ⇒ 開発担当
デザイン担当がいないため、パートナー等を考える必要がある。
検討パートナー企業
・A社
・B社

C ターゲット

【フォーマット】
a) ターゲットは誰だ
b) 顧客
c) 顧客の特徴
d) 商品を使用した顧客の将来
e) 必要なパートナー
⇒パートーに求めるもの

【使用例】
①お客様の担当者
②自社の社員
③メルマガの送付先
④IT の知識が少ない人
⑤就職活動生
⇒就職の勉強の一貫として使えるようにする。

G 作成期間、リリース日

【フォーマット】
①予想される作成期間を記載
②リリース予定日を記載

【使用例】
①作成期間は 1カ月程度
②リリース日は 7 月 30 日を予定
(他の案件との兼ね合い上、
変動する可能性あり)。

B 目的

【フォーマット】

今回の企画により、何が得られるか。

問題点の解決方法。
①解決による結果
②今回の企画からどのようなものへの派生または継続が見込まるか
【使用例】
①SEO 対策
②自社のサービスの説明
③自社の考えを広める
④自社の HP により、ターゲットと自社が共に成長する
⇒成長することにより、
新しい価値を作る
⑤コンテンツが豊富な HP としての認知を広める

テーマ

ホームページ(HP)の作成案

D 競合他社

【フォーマット】
a) 競合他社の動向
b) ビジネスモデル、戦略をとっているか
c) コンテンツ
d) 競合他社のブランディング
e) 競合他社の将来性
f) 他社と比較した時の競合優位性
【使用例】
現在の競合他社の HP の状況
①Flash 等フラッシュなどを使用したトップページ
②動画配信サービス
③RSS
④Twitter との連携
⑤ブログとの連携
⑥iphone、Android 等の連動

E コンテンツ

【フォーマット】
コンテンツ内容を記載
思いついたら書く！！
ネットで調べて見つけたらとりあえず書く！！
【使用例】
①ソリューションサービス一覧(業務別)
②ソリューションサービス一覧(課題別)
③社会貢献活動状況
④会社案内 PDF ダウンロード
⑤今までの IT の仕組みと歴史
⑥今後の IT 動向
⑦携帯モバイル等の進化
⑧動画配信サービス
⑨Twitter との連携
⑩ブログとの連携

A 背景

【フォーマット】

なぜその企画をするのか。商品を作成するに至る経緯や現在の状況(社内状況や市場状況)、現在の背景から推測する問題点などを記載する。

【使用例】
①実際の自社サービス内容を具体的にする。⇒自社の強みを活かすコンテンツを作成する。
②営業先、社内での共通概念、価値観の違いにより、差異が生じる。その差異をなくすための何かが必要である。
価値観の共有(HPのコンテンツが重要)
③HP は他の企業と差異を出すことが難しいが、よりアクセス数を増加するためには他となかなか取り組めない、新しいコンテンツ作成する必要がある。

H 課題・問題点

【フォーマット】
A-G から考えられる課題及び問題点は何か。

【使用例】
①デザイン担当が決まっていない
②運用上のマンパワーが足りない可能性がある
③運用が滞る可能性がある
⇒運用体制を共に考える必要がある
人数、担当者、更新の頻度等を前もって決定する
④全機能を付けるのにかかる時間・コストが多すぎる
⇒優先事項の決定が必要

A型チャート活用法④

社内の取り組みを共有する

会社の事務所・倉庫などの清掃美化をするために目標設定をしたマンダラチャートです。ちょうど事務所をリフォームした時期だったため、オフィス・倉庫等の社内美化を全社運動として定着させるために作成されたそうです。

まず、中心エリアに目標である、あるべき姿・理想の状態を記載します。このようにやるべきことが明確な場合は、最初に中心エリアを完成させるのがポイントです。

そのための具体策として、Aエリアは事務所、Bエリアは会議室、Cエリアは水まわり、Dエリアは倉庫、E・Fエリアは具体的な場所、Gエリアは道路、Hエリアは車について、即実施することとその成果について記載します。

作成者によると、マンダラチャートを活用する前は箇条書きで書かれたノートを利用していましたが、マンダラチャートは全体像が一目瞭然で、わかりやすくなったと好評とのこと。この会社では、社内美化の事例以外にも、社内ミーティングや打ち合せ、セミナーのメモ書きなど、さまざまな場面でマンダラチャートを活用しているそうです。

これはオフィスの清掃ですが、自宅や店舗にも応用可能です。毎日・毎週・毎月・毎年と頻度に応じた清掃方法を記入するのもいいですし、具体的な清掃のやり方・手順・誰が行うのかなどを5W2Hに落とし込んでいくといったやり方もあります。

F □□置場

〈即　実施〉
・整理整頓をきちんとする（担当O・S）

〈成果〉
・担当者を決めたことで責任を持って整理整頓するようになりました。

C 水まわり

〈即　実施〉
・外の流しに棚を作成し整理する（担当S）
・1Fトイレの使い方、手洗いの使い方
あまりはねさせないように各自で心がける（貼り紙で可視化、F）

〈成果〉
・外の棚作成は即実行されました。
・トイレの使い方、手洗いの使い方の水はねは、一人ひとりの心がけがまだまだ意識が薄いようです。

G 会社前の道路

〈即　実施〉
・ゴミを拾う（担当Y、S）
・草むしり（担当Y、S）

〈成果〉
・週の初めの月曜日の全員掃除の際にゴミを拾ったり、地域で行った「ゴミゼロ運動」などにも参加して道路に落ちているゴミ拾いを意識するようになりました。

B 2F　会議室

〈即　実施〉
・2Fのカタログの整理（担当E・S）

〈成果〉
・即実行され、一度思い切ってカタログの処分をし、最新版のカタログの手配をしました。

テーマ

社内清掃美化

クリーンプログラム

〈目標〉
1. ゴミゼロ
2. きれいな会社
3. きれいな林場
4. 不良在庫ゼロ

D 材料倉庫

〈即　実施〉
・8/12　バケット回収（担当E）
・ベニア、ボードなど頻繁に出る材料は出しやすい場所に移動（担当I）
・林場掃除を毎日数分実施。担当者が声掛けをしたら速やかに掃除を始める（声かけ担当E・I）
・ゴミを捨てる通路を確保する。ゴミ分別場所を作る（担当I）

〈成果〉
・倉庫が以前より狭くなったため、材料の置き場所確保が少なくなってしまいました。乱雑に置かれている時も見受けられますが、担当者が意識して整理しているようです。

E ○○置場

〈即　実施〉
・棚を作成して整理する（担当W・O）
1.在庫のもの
2.体験会で使用するもの
3.レンタル道具
4.サンプル
・出したらもとの場所へしまう

〈成果〉
・一度はきちんと整理されましたがまた、乱雑になってきているようです。

A 事務所

〈即　実施〉
・1Fのカタログの整理（担当I・T）
・収納棚にテプラを貼って収納物を明確にする（担当T）
・コピーの裏紙の収納場所を明確にしテプラを貼る（担当T）
・出勤後、掃除からスタートし、最後掃除で退社するサイクルをつくる
（各自、帰る前に机をキレイにして机の上を拭いて帰る）

〈成果〉
・実施の部分はすべて実行されましたが各自で机を拭くなどのことはすっかり実行する者がいなくなりました。日替わり掃除当番も完全実行とはいかない状態。

H 車、その他

〈即　実施〉
・朝、出かける前に各自車の窓を拭いてから出発する

〈成果〉
・各自車の窓拭きなどの徹底は完全ではなく、週2、3回というのが現状です。

A型チャート活用法⑤

マラソン大会に出場する

30代の女性が、1年前にマラソン大会に出場したことをきっかけにマラソンの楽しさに気づき、明確な目標設定をしてそこからどうすればよいか考えるために、マンダラチャートを活用した事例です。

このマラソンの例に限らず、頭の中を整理したいとき、やりたいことがあるとき、悩み事があるときなどにマンダラチャートを活用すると、目標達成や問題解決に役立ちます。

目標達成に向けて頑張っている過程で、楽しかったことや嬉しかったことを記録した写真を入れるのもいいですね。マンダラチャートを目に見える場所に貼っておけば、それが目標に向かって努力を続ける力になります。

中心テーマにはマラソン大会の開催日を記入し、目標を明確にします。Aエリアにはマラソンを始めるきっかけを、Bエリアには実績を入れ、反省点なども記入します。マラソン大会に向けたトレーニングやメンタル面について、具体的に落とし込む一方で、ごほうびなど目標をクリアしたあとのことまで考えているのもいいですね。このようなわくわくするしかけを盛り込んでおくと、よりやる気がわいてきます。

このようなマンダラチャートを、1つのマラソン大会につき1枚作成していけば、いい振り返りにもなります。次のレースに出るとき改善点を探るヒントにもなるでしょう。

F　トレーニング ·3km、5km、10km 選んで走る（アプリでタイム測定） · 坂道のトレーニング · 呼吸法を意識して、吐くときに10 秒かける（朝と夜実行）	**C　イメージ** 前回は尿意と闘い、心肺の限界を感じ、苦しいゴールだったが、 今回は心肺も余裕があり、達成感あふれる、100 位以内のゴールの瞬間をイメージする！！！ 達成できたことを祝う予祝	**G　健康** · 食事はバランス良く、意識的にタンパク質を摂る · おやつはチーズとナッツ · 質の良い睡眠をとる · ストレスをためない · たくさん笑う
B　初参加してみて · タイム：59 分 58 秒 · 順位：187 位／5000 人 完走することができ、友人よりも速かったので嬉しかった 反省点①水分を摂りすぎていたため、6km あたりから「トイレに行きたい」と闘っていた 反省点②登り坂 3 カ所とも歩いてしまった	**テーマ** ひろしま国際平和マラソン · 小学生以下なら誰でも参加できる広島の市民マラソン大会 · 2018.11.3 開催！！ · 1km、5km、10km のコースがある	**D　エントリー** · 2018.8.17　10:00～エントリー開始 ★アラームをセットしてインターネットからすぐにエントリーする （すぐに募集がいっぱいになってしまうから）
E　目標 ★100 位以内に入る！！！ ★どんなにつらくても 歩かずに、ゆっくりでも走り抜く！！！	**A　きっかけ** 2016 年冬、何度か出場している友人に誘ってもらい、ノリで初出場したのが 2017.11.3。 それもいきなり 10km のチャレンジコース。 高校の頃、ボート部での過酷なトレーニングや走り込みなどしていたので、出来ると過信していた。	**H　ごほうび** 完走して、目標の 100 位以内に入り、歩かずにゴールができたら、 ♥エステに行く ♥大好きなモンブランを食べる

A型チャート活用法⑥

イベントを企画・運営する

ダンス歴50年のダンス・バレエスタジオの代表が、ダンスのステージグランプリに向けて目標設定をしたマンダラチャートです。ある舞台での作品づくりを中心に、イベント全体について記入しています。

舞台というのは、単に踊るだけでなく、当日の衣装や照明はもちろん、事前のリハーサルからチケット販売まで、やることが多岐にわたります。

この事例では、Aエリアのマネジメントの部分にあるように、チラシやパンフレットの作成、スタッフとの打ち合わせのほか、楽屋割りや当日のお弁当の手配といった、細かなところまで落とし込んでいる点がすばらしいですね。こうしたさまざまなことをモレなく並行して進めていくためには、マンダラチャートはもってこいです。

不思議なことに、マンダラチャートを書き始めると、こうしたやるべきことがどんどん浮かび上がってきます。

それを箇条書きにしてしまうと、優先順位や誰に任せるかといったところが曖昧になってしまうのですが、A～Hのようなエリアに区切ると、頭の中が整理され、課題が明確になります。

さまざまなイベントや行事があるとき、このようなマンダラチャートの枠組みを活用すれば、自分のやるべきことが整理されるだけでなく、関係者全員のやるべきことやスケジュールの共有、振り返りにも役立ちます。

F スケジュール

・3/1　ステージ詳細発表
・3/15　衣装デザインメ切（メ切厳守）
・3/16　楽曲決定
・4/1　作品振り落とし
・4/8　振付稽古スタート
・5/15　チケット売りスタート
・6/20　衣装納期
・6/26　衣装付き稽古
・7/5　体育館ー舞台全体総見
・7/6　照明合わせ
・7/18　舞台リハーサル
・7/19　舞台リハーサル
・本　番　・昼の部13:00
　　　　　・夜の部18:00　開演
・打ち上げの準備
・反省会の準備

C 音・構成

壮大な宇宙のイメージといろいろな星々

振付でのインパクト　（大切）
歌詞のフレーズ

音構成
8種類の音源を使用して作成
・日本語(平原綾香)のをベースに
・ジュピタークラッシック
・ジュピタートランスバージョン
・ジュピターHIPHOP
・ジュピターテクノバージョン
・ジュピター英語歌詞付
・クラップとタップ音を生音で入れる
・アカペラ
※Tapシーンー上手・下手2台の集音マイク使用

G 照明プラン

1.ダンサー別々にピンで抜く
2.ライトの色種を使いすぎない
3.ダンサーの個性が生きる照明プランに
4.音振り構成にオンタイムで入ると観客が一層楽しめる
5.充分なプログラムの考案と打合せ
6.見えない部分が見えるものを支えている
今回はコールドのあて方が特に課題！
↘
（絶対やる）

※詳細は音振分け表参照

B 振付

振付のコンセプト
自分の中でイメージで強く描き踊る
市民ホールの広さを考えた練習設定

構成
第1パート　Tapdシーンークラップ音のみ・アカペラ
第2パート　HIPHOP・バレエ・コンテンポラリー
それぞれのシーンが混合して1曲となる
第3パート　最初の総踊り
第4パート　HIPHOPのみ
第5パート　ソロシーン
第6パート　各々パートを一斉に
第7パート　ラスト総踊り
振りの緩急・強弱を特に指導
仕上がるまでのプロセス　→（大切）

テーマ

◯年ステージ
グランプリを目指して
進化する私&Vision

ダンス作品
タイトル　≪ジュピター☆≫

汗・振付・マナー・チケット売りの少ない所にダンス舞台の成功はなし

充分な全体像のイメージング
音良し・振り良し・衣装良し‼
お客さんに喜ばれる作品創り
他にない個性を持つ作品創り
出演者がプライドを持てる舞台へ

D 衣装コンセプト

宇宙をイメージして、青を貴重に
・ブルーオーガンジーで作成
・丈の長さで広がりとフワッと感を出す
・アクセントに襟・袖・見返し部分に
・銀ラメの生地とスパンコールを使用
HIPHOP　Part
ダボッと感のあるパンツスタイルで
バレエ　Part
白のジョーゼットを重ねたいが…？
TAP Part
ズボンの裾を短く、シュ　ズを強調
舞台美術は、星と羽を使用→注意
その他ー経済的負担での考慮

E 稽古・リハーサル

・市民ホールを考慮して
ステップ、踊り、フォーメーションを大きく
舞台図面の早期配布ー勉強会を設定

・レッスンはレッスン前にすでに始まっている
スタッフ全員が自ら早めの準備を徹底
レッスン前の声掛け、細やかな準備
プラス脳で元気に送り出し、次回の確認メール・電話連絡の徹底

・技術・体力・マインドの向上
踊る喜びを分かち合う
集中ができるメリハリのある練習内容を！
夏場の暑さの克服とブレイントレーニング

・高校生の参加をどうフォローするか!?
たとえば30分前のBefore稽古はどうか

A マネジメント

・各、手配表及びスケジュール表作成
・パンフ・チラシについて
・チケット販売について
・ご招待客リスト
・裏方スタッフさんスケジュール合わせ
・受付スタッフ準備、ミーティング内容
・受付、楽屋張り紙一覧

・楽屋割り
・お弁当　飲み物　お菓子
・本番・リハーサルのタイムテーブル
・お礼状　お礼電話
・打上げ会の参加者及び反省会

H 衣装　Ⅱ

グウエン・スティファニーのDVDジャケット
立体デザイン・陰影が面白い→参考に！
・ヘアーメイクも可愛い
・異種の生地使い

・衣装部との検討事項
ズボンの丈をどうするか？　スカートの色は？
素材がポロポロとれてくるものは要注意！
完全納期をリハーサル2週間前で可能か？
予算内で作成可能か…？

A型チャート活用法⑦

勉強したことをまとめる

意外に思われるかもしれませんが、マンダラチャートは勉強にも活用できます。

たとえば歴史を学ぶ際、「政治面についてはわかるけれども、文化面についてはわからない」「この時代、日本はこうだったけれども、外国はどうなっていたのか」といったことで、勉強が行き詰った経験はありませんか。こんなとき「全体と部分と関係性」を理解できるマンダラチャートは最適です。

歴史を勉強する際、政治・経済・文化などに分けてとらえてしまいがちですが、実はすべてつながっています。文化は必ずその時代の政治・経済の影響を受け、学問もまた、時代に要請されたものが現れています。これを1枚の紙にまとめて一目で確認できれば、その関係性も理解できるようになります。人物や出来事をただ丸暗記するだけでは見えてはこない「生きた歴史」が、頭の中にスムースにインプットされるようになるのです。

ここでは一例として、江戸時代（1600年〜1867年）をA型チャートでまとめました。より理解しやすくするため、ここではセンターエリアに年表を入れました。そのうえで、A〜Hの8つの分野を、政治や財政、産業、文化、世界情勢などに分け、キーワードとなるものを書き込んでいきます。

このほかに、読んだ本についてまとめる（A〜Hエリアに章ごとの内容を記入する）といった使い方もおすすめです。

F　学　問	C　財政・改革-2	G　外交・世界情勢
●儒学三派 朱子学・陽明学・古学 ●国学（四大人） 本居宣長ら ●蘭学 杉田玄白、平賀源内ら	①享保の改革 8代将軍吉宗 ②寛政の改革 11代将軍家斉　老中松平定信 ③天保の改革 12代将軍家慶　老中水野忠邦	●日本の外交 ①朝鮮出兵 ②鎖国 ③ペリー来航 ④日米和親条約（開国） ●世界情勢 ⑤東インド会社 ⑥明の滅亡 ⑦アメリカ独立宣言 ⑧アヘン戦争
B　財政・改革-1	**テーマ**	**D　産業・交通**
●武断政治 家康→家光へ ●文治政治 4代将軍家綱～7代将軍家継	**江戸時代** **（1600年～1867年）** 1600　関ヶ原の戦い 1603　徳川家康征夷大将軍（江戸幕府） 1614　大坂冬の陣 1615　大坂夏の陣（豊臣滅亡） 武家諸法度・禁中並公家諸法度 1637　島原の乱 1716　徳川吉宗　享保の改革 1787　老中松平定信　寛政の改革 1837　大塩平八郎の乱 1841　老中水野忠邦　天保の改革 1860　井伊直弼暗殺　桜田門外の変 1864～　長州征討 1867　大政奉還　王政復古の大号令	①農業 （田畑面積増） ②漁業 （いわし漁・くじら漁・こんぶ漁） ③三都 （江戸・大坂・京都） ④鉱業→貨幣 （金・銀・銅）
E　文　化	**A　政　治**	**H　その他**
●元禄文化 17C末～18C初 現実主義・合理主義的傾向 上方（大坂）豪商・武士 ●化政文化 19C初 江戸の町人、庶民へ普及 通俗的・享楽的・耽美的傾向	●大名統制 ①大名配置 ②一国一条令 武家諸法度 ③参勤交代 ④普請役 ●農民統制 ⑤田畑永代売買の禁令 ⑥農民へのお触書 ⑦分地制限令 ⑧五人組制度	①朱印船貿易 徳川家康 ②生類憐れみの令 5代将軍　綱吉 ③キリスト教 ④貨幣 三貨（金・銀・銅）

A型チャート活用法⑧

家族の闘病生活を支える

60代女性が、90歳の母親が高次脳機能障害になった際の9カ月間の行動記録をマンダラチャートにまとめました。

母親が「頭が痛い」といって救急車を呼んで脳外科に入院。その後のさまざまな決断を冷静に下すことができたのは、マンダラチャートのおかげだったといいます。

自分はもちろん、家族が病気のときは、誰しも不安になるものです。しかし、ただ「どうしよう」と漠然とした不安を抱えているよりも、それぞれの問題を分けて考えていったほうが、対処法が見えてくるものです。

このチャートでは、病気の経過や母親の変化、自分の対応などをエリアに分けて落とし込んでいくことで、これから自分がどうしていくべきかを明確にしています。

また作成者は、Gエリアの「リハビリ病院退院」をさらに展開し、その後もう1枚のマンダラチャートを作成しています（78ページ参照）。

現状だけでなく、これからの目標や感謝の気持ちなどをまとめ、それを行動レベルに落とし込んでいくことで、心身ともに落ち着いて過ごすことができるようになったそうです。

病気や介護には不安や悩みがつきものですが、そんなときこそ、マンダラチャートを頭の中の整理に役立てていただければと思います。

F　母の心の変化	**C　母との良い時間**	**G　リハビリ病院退院**
①病気前、延命治療は拒否。 ②くも膜下出血後も延命治療拒否。 ③2回目の発症で気落ち、若く楽しかった記憶は残り、子どもたちとの記憶はない。自分の夫の悪口、子どもが離婚したなど、妄想の中。 ④苦い薬は毒薬なので、死んだら困るので吐き出すねと苦笑い。 ⑤死を身近に感じ、怖いと話す。最近、自分の命日を決め私と別れ際に「有難う」というので「私も家族で良かったよ。有難う」といって抱き合って別れる。	麻痺や高次脳機能障害も母の個性と思い、この先、10年生きるとして互いに甘え甘えられる関係になれたらと思う。	90歳の母がリハビリ病院退院を前にして、皆にとって家に帰ったら良いか、病院が良いか。娘の出産が重なることもあり、GエリアをマンダラA型チャートで考えた。 （78ページ参照）
B　急性期	**テーマ**	**D　病院任せにしない**
①部屋の隅に虫や蛇が這って（せん妄）追い払ったり、焼き殺したりしている話をする。 ②左半身麻痺のリハビリ試みるが血圧上がり、なかなかできず、全身麻痺のようになってきた。 ③大あくびが頻発、不整脈が常時現れ、ペースメーカー挿入も選択肢に上がったが、輸血2単位実施後、酸素が充分に足りるようになり、病状安定。 ④40日で前回と同じリハビリ病院に転院、120日入院（365日リハビリの施設もある）。	**母90歳と 高次脳機能障害**	①本人をしっかり観察して対応。変化を見逃さない。よく理解できるのは家族。 ②本人の目標があってこそ。一番リハビリの効果が上がる（薬でやる気が出ないときもある）。 ③共に新しい時間を共有。新しい記憶を足していく（驚きと感動が新記憶を作る）。
E　私の行動	**A　2回のくも膜下出血**	**H　参考にしたもの**
①マンダラチャートで問題の方向性を決める。 ②快互マンダラを活用して心の平安とバランスを取った。 ③マンダラエンディングノートを使い、母との会話をバランス良く聞く。 ④マッサージやタッチング：拘縮の予防、脳の活性化。 ⑤母の困っていることを理解できるよう、本を読む。 ⑥母と家族、自分の時間のバランスを考える。	・何不自由なく一人生活を満喫。 ・1回目：正月前、息子帰宅で寒い中張り切り？　頭痛、救急車で病院へ。安静治療を選択、薬で吸収。介護認定5なれど目標もあり、リハビリ後5カ月で元に戻りまた1人生活始める。 ・2回目：11月寒くなった朝軽い頭痛。母が早く治るならとステント留置とコイル塞栓術施術を選択。出血増。左半身麻痺、視野、嚥下、感覚、運動の低次脳機能障害。介護認定5。8カ月経過。	・壊れた脳　生存する知（山田規畝子）角川ソフィア文庫　[外科医の著者が3度の脳出血に苦しみながら社会復帰、患者側からの苦しみ、取り組み、困っていることを丁寧に書き、高次脳機能障害患者を理解できる手記] ・脳卒中（岡安裕之）学研 ・高次脳機能障害のリハビリがわかる本（橋本圭司）講談社 ・臨床は、とまらない（唐沢彰太） ・マンダラエンディングノート ・快互マンダラ

F 家庭へ帰る

①人目を気にせず、安心して過ごせる。
②食べたい味に調理できる。
③家族と一緒に楽しめる。
④2時間置きの体位交換とおむつ替えは体力的精神的に長く続けるのはきつい。
⑤毎日人が出入りするのはストレスかな？
⑥家で介護できそう、長い間は無理かもと心は揺れる。
⑦母と、ゆっくりとした時間がとれなくなる？
⑧私の自己満足？

C 目標はどこに

母とゆったりと良い時間を過ごす。
(動けなくとも心は自由に)

G 病院へ転院

①病院はすべてやってもらえる。
②費用は年金から。
③再発率年5%。危険因子減少。
④人手の少ない所は避けたい。
⑤病院にお願いすることで私がイライラせず母と楽しく過ごせる時間が確保できる。
⑥健康的食事だが、食べたい味と異なる。
⑦寂しいだろうな。
⑧四肢のリハビリがある。
⑨病院のスタッフが入れ替わりはストレス？

B 必要な介護

①体位交換2時間置き（夜中も)。
②車椅子への移動2人掛かり。
③介護食の用意。
④食事介助1日3回×45分。
⑤おむつ交換　6～7回。
⑥洗濯、2軒分の掃除。
⑦ヘルパー、看護師など日に何度か助けてもらう。
⑧たくさん話しながら高次脳機能障害のリハビリを行う。得意なことから取り掛かる。

テーマ

リハビリ病院退院を前にして

D リハビリ

①リハビリは本人の思いがあって進む。
②母との時間を高次脳機能障害リハビリに充てられる（認知症と思われがちだが、脳には回復力がある)。
③現状維持するための一生続くリハビリ。
④うまくいったら家に帰る。

E 現象

せん妄：(いないものが見える) 酸素欠乏の時現れている気がする。虫や蛇、熊が現れたのと戦ってるのは、生きたい心？ 亡くなった親しい人が様子を見に来たり、天女が舞ったり、自分の入る墓が分からなくなったと、泣いたり、笑ったり、たくさん話を聞きました。でも、何時もひっかかってくるのは、三欲の部分。聞くのが嫌になる時、最近は、「その話あまり得意でないの」と話すと、話題を逸らせることでつらくなくなった。

A 全身麻痺のような母

①運動障害。自力で動けない。右手は顔を掻ける。何をするにも人手必要。
②嚥下障害と手を口に運べない。
③注意障害（気が散って食事に集中できない)。
④左側空間無視。
⑤感覚障害（足に蛇が絡まっているなど)。
⑥排尿障害。
⑦記憶障害。
⑧介護認定5。
⑨まわりに優しく気遣える。
⑩話す機能、かなり回復。

H 感謝

介護は体力・患者の心を受けとめる大きな心・先を見通す力の3つが必要と考える。どれも足りない中、前に進むことができたのは、マンダラチャートと支えてくれた多くの方のおかげです。有難う。

第4章

事例でわかる！
B型チャート活用法

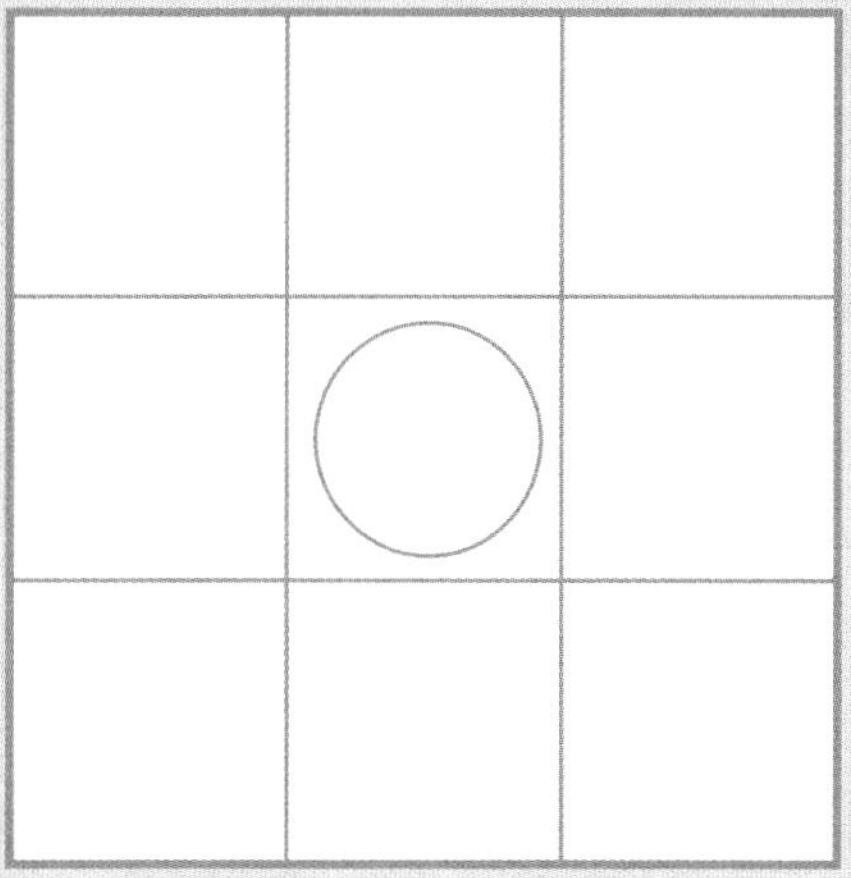

B型チャート活用法①

経営者のビジネス計画

不動産業を営んでいる経営者が、マンダラチャートを使って自社の成長に関するビジネス計画（社長方針）を作成した事例です。

最初のAエリアでは、「お客様第一」として接客に関しての心構え・具体的な対応方法を記入、Bエリアの「職務能力」では、日々の行動に直結した実務的な流れを記入します。また、不動産業として「街の通になる」という目標を掲げているのが特徴的です。社長自身が普段から考えていることを落とし込むことで、自分自身の思考の整理ができるとともに、社員とも思いを共有し、それが会社が目指す人材育成にもつながっていくのです。

6 情報発信源になる 良いこと、良い店など情報をどんどん発信して町の発展に貢献する。	3 歩き回る 自らの足で歩いてみて発見するものは、ネット検索で得た情報報とはまた違う喜びを味わえる。	7 商店把握する 店の店主というものはたくさんの顧客を抱えている。そこで親しくなり、宣伝してもらえればこんなに良い生きた宣伝はほかにない。
2 ニコニコ笑顔 ニコニコ笑顔はまわりに伝染する。そして良いことをどんどん連れてくる。運の良い人の秘訣はここにある。	G 街の通になる	4 食べ歩く 商店の活性化には飲食店の協力は欠かせない。こまめに顔を出し新しい情報、活きた情報を把握する。
5 紹介してもらう あいつは信用できる、いい奴だといってもらえるよう一日一日を恥じないよう過ごす。	1 素直 やはり人間素直でなくては良いものか悪いものか判断できない。まずは受け入れてみて判断する必要がある。	8 キーマンを知る どの世界でもキーマンは必ずいる。しっかり自らを知ってもらい協力者になってもらう。
6 約束を守る 約束は自分との契約。自分で自分に嘘をつくことをしてはならない。信用は積み重ねてできるが、一瞬で壊れるということを忘れない。	3 挨拶 自分磨きの第一歩。自ら進んで挨拶何回できたか確認。	7 話を聞く 話し上手は聞き上手。相づちや聞く姿勢、表情等に注意を払い真剣に向き合えたかの確認。
2 相手の立場 蟻、魚、鳥瞰で物事を多角化して見ることができているかの確認。	D 人間的能力	4 笑顔 自分なら、ムスッとした人と笑顔の人、どちらの人に対応してもらいたいか？ そしてそれを自分はできていたかの確認。
5 心を開く 相手の心を開かせようと思ったら、まずは自分から心を開くことですよね。できているかの確認。	1 視線 人と話すときの視線、間の取り方を意識して対応できているかの確認。	8 感謝 いろいろな人間がいるが、地球上でどのくらいの人がいるのか。今日の出会い、縁に感謝できている自分がいるかの確認。
6 スピード感 即断、即決、即行動を常に心がける。	3 更新料 月ごとの人数、利益を事前に把握して、時にはこちらからいろいろな角度でアプローチしていく。	7 情報発信力 的確に情報を発信して、より見やすく分かりやすいものを提供する。
2 真似る 自社より良い会社はたくさんある。まずはそれを学び、真似、自社の特徴を活かした形を作り上げる。	H 利益を出す	4 集金管理料 高齢のため、もしくは煩わしさ解消のお手伝いをする。
5 困り事の解決 知識経験を生かした提案、解決をする。押し売りはしない。	1 仲介料 営業を磨き他社に負けずに適正価格の利益を得る。	8 新規顧客開拓 自分の仕事に誇りを持ちお役に立てることを自らどんどん見つけ出していく。

6 自ら心を開く 主体変容。相手が変わらないからしょうがないではない。まずは自分から変わって歩み寄ってみよう。	3 階段を入れる 高すぎる目標は時にして障害になる。しっかり階段を入れ見える化していくことが大事。	7 空気感 おそらく 24 時間の内、一番長くいるのが職場になるのではないか。やはり居心地の良い空気感で働きたいものだ。	6 集中力 呼吸を整える。心を無にする。すると自然にいろいろなアイデア、発想が次々にわいてくる。	3 忍耐力 いろいろなことがある。これも修行の一環と考えれば、さほど苦でなくなる。	7 闘争心 なにくそ、負けてなるものか。今に見ていろ必ず超えてみせる。その心が人を強くする。
2 目標を掲げる 目標がないとどのように進んで良いのかわからない。逆に、明確な目標があればそれに進めば良い。	F 一致団結	4 相手を思いやる 利他の精神。コップに水を注ぎ自分から先に呑もうとするから争いが生じる。まずは相手を思いやる心。お先にどうぞ。	2 自信 言葉に出す。自分はできる。絶対大丈夫。言霊を知る。自信がある理由を言葉に出す。	C 強く念《おも》う	4 実現意欲 実現するためにはホラを吹く。そしてそのギャップにどんどん階段を入れ手の届くとこをどんどん達成していく。
5 一緒に食事をする 普段口に出さないことや、抱えている悩み、そういったことを互いに話す良き機会。	1 ミーティング 衆知を集めることにより、自分では思いもよらなかった発想が出てくるのです。	8 感謝する 当たり前は当たり前でない。まずはその意味をしっかり理解できる心を養う。	5 勝利意識 絶対に勝つ。そう信じて、突っ走ることが一番の近道。	1 自己コントロール 強さと優しさは表裏一体。自分を磨き上げることによって日々成長する。	8 協調性 一人では所詮できることは限られている。早い段階で力を借りることを知る必要がある。
6 知識 より良いサービスを提供するためには豊富な知識が必要となることはいうまでもないでしょう。	3 礼を正す 人間関係は、気持ちの良い挨拶から始まります。自分から今日は何回挨拶ができたか日々確認。	7 システム構築 AI 加速に伴い今後の自社の明暗を分けるのは、どれだけ記録をしてその日までに備えることができたかに関わるのではないだろうか。	F 一致団結	C 強く念《おも》う	G 街の通になる
2 場を清める 整理整頓。きれいな職場は心をもきれいにします。反対に汚い職場は、心をも汚くします。	B 職務能力	4 言語能力 言葉は凶器。たった一言で相手を傷つける。常に正しい言葉を用いているか日々確認。	B 職務能力	テーマ 住みたい街 NO.1 自社の成長	D 人間的能力
5 行動力 行動するから結果がある。結果があるから次につながる。何もしないは何も考えていないと同じではないのか。	1 時を守る 5分前、10 分前行動はできているか？　時間の大切さを本当に理解しているかの確認。	8 情報共有 風通しの良い職場環境がより働きやすいものになる。	E 歴史を知る	A お客様第一	H 利益を出す
6 写真を集める 街の移り変わりの写真は面白い。集めてその歴史を皆で共有したらもっと街を好きになる。	3 人に聞く お爺ちゃん、お婆ちゃんが一番この街を長く知っている。話を聞くことで我々の財産になる。	7 地図を見る 地図を見ることで昔と今の移り変わりが手に取るようにわかる。昔は畑だったところが今は街。	6 聞き出す力 まずは相手が何を欲しているのか？　話をよく聞き場合によってはこちらから引き出すようにする。	3 笑顔 笑顔は人の緊張を一瞬で取り払う魔法。笑顔は笑顔を連れてくる。	7 清潔感 相手を不快にさせない、身だしなみ日々確認。
2 本を読む 専門書が販売されている、もしくは図書館にあるので事実を確認する。	E 歴史を知る	4 知りたいと発信する 知りたいと発信することで自然に情報が集まってくる。	2 感謝 お客様を見送ることができたか。その後ろ姿に心の中で手を合わせる気持ちになれたか。日々確認。	A お客様第一	4 スピード感 即断、即決、即行動、インターネットの普及により時代の流れが劇的に加速した今日をいかに受け止めるかで未来が変わる。
5 寺院を訪ねる 寺院は歴史の宝庫。足を運び人間関係の構築から始めましょう。	1 ネット検索 ネットで仕入れられる情報収集は確実に行う。	8 想像する 時代時代の変化を想像することにより、今後未来の変化の予測を立てる。	5 思いやる心 十人十色。親身になって柔軟かつきめ細やかなサービスを心がける。	1 丁寧な言葉遣い 言葉はその人の心の鏡であって、心がきれいなら言葉は自然にきれいになる。日々、確認。	8 的確な対応 あうんの呼吸が合い、相手が何を欲しているかを常に意識しアンテナを張り巡らす。

B型チャート活用法②

社員の成長シート

マンダラチャートを10年以上実践している経営者が、社員の能力を適正に評価することを目的として作成しました。会社は機械の配線（ハーネス）を扱っている製造業です。

この会社では、社員が成長できるように、四半期ごとに見直しを実施しています。たとえば、Aエリアで改善提案の件数を記入したり、Bエリアで環境整備に関して点数評価したりと、さまざまな面から社員を評価するようにしています。

チェックシートとして「本人確認」「上司確認」「当期成長点数」を入れる方式は、ほかの会社でも応用できそうですね。

1 成長点数 1 やるべき仕事に対して、自ら積極的に取組もうとせず、途中でやめることがしばしばあった。	2 成長点数 2 やるべき仕事を計画通りやろうとするが、さまざまな理由をつけて達成できず責任逃れをすることがかなり見られた。	3 成長点数 3 やるべき仕事を計画通りやろうと努力していたが、困難があると他人のせいにして責任逃れをすることがときどきあった。
4 成長点数 4 多くの困難があっても仕事を計画通りやろうと努力していたが、予期せぬ問題が発生すると責任逃れをすることがあった。	G **責任感** 自分に課せられた業務を計画通り最後までやり遂げたか ウェート：3.0	5 成長点数 5 いかなる困難があっても仕事を計画通りやろうと努力し、責任逃れをすることはまったくなかった。
6 本人確認 （本人コメント）	7 上司確認 （上司コメント）	8 当期成長点数 （次期目標）

1 成長点数 1 生産と時間との関係を認識しておらず、自らの手直し時間も作業時間としている。	2 成長点数 2 時間の意識がルーズで、自分が使える時間はすべて自由に使えるという思い込みがあり、残業時間に対する意識がない。	3 成長点数 3 できる限り時間を有効に活用する努力は認められるが、残業時間に対する意識は甘い。
4 成長点数 4 自らの作業工程を計画的に組立て、時間の割振りを検討し、就労時間内に収める努力を常に行っている。	D **時間管理** 製造の基準は時間にあることを理解しており、自ら時間の組立てができる ウェート：3.0	5 成長点数 5 自らの時間管理だけではなく、同僚、後輩に対して積極的に指導、助言を行い周囲に対して模範となる時間管理を実施している。
6 本人確認 （本人コメント）	7 上司確認 （上司コメント）	8 当期成長点数 （次期目標）

1 成長点数 1 自分の都合を優先することが多く、他人の意見を聴こうとしないことが多かった。	2 成長点数 2 他人の意見を聴く姿勢はあるが、争ったりチームワークを乱したりすることがしばしばあった。	3 成長点数 3 他人の意見をできるだけ聴くようにし、チームワークを保つことに努力していた。
4 成長点数 4 意見の不一致があった場合、積極的に話をまとめるように努力していた。	H **協調性** 自分の都合にとらわれず他と協力して業務を推進していたか ウェート：3.0	5 成長点数 5 チームリーダー的役割を果たし、より強いチームワークができるよう努力していた。
6 本人確認 （本人コメント）	7 上司確認 （上司コメント）	8 当期成長点数 （次期目標）

1 成長点数 1 現場での作業で十分であると満足し、人間力向上に対する意識は見られなかった。	2 成長点数 2 社内勉強会等の効果を理解しているが、積極的な参加、発言等は少なかった。	3 成長点数 3 人間力向上の必要性を十分理解しており、社内活動に自ら積極的に参加し、その努力が認められる。	1 成長点数 1 品質向上の意識があまり無く、問題の提起や改善活動への取組が見られなかった。	2 成長点数 2 品質向上への問題提起は行っていたが、改善活動にあまり積極的に取組んでおらず、成果も上げられなかった。	3 成長点数 3 品質向上のための問題提起を行い、改善活動に積極的に取組んでいたが、あまり成果は上がらなかった。
4 成長点数 4 社内活動以外にも積極的に参加し、人間力の向上に向けて前向きに常に努力している。	F 人間力 業務以外の活動に積極的に参加し、人間力の向上に努力したか ウェート：2.5	5 成長点数 5 社内活動以外にも積極的に参加し、他者に対する模範となる行動をしている。	4 成長点数 4 品質向上のための問題提起を行い、改善活動に積極的に取組み、一応の成果を上げていた。	C 品質管理 品質向上の問題提起を行い、改革・改善に積極的に取り組み成果を上げたか ウェート：2.0	5 成長点数 5 品質向上のための問題提起を行い、改善活動に積極的に取組み、十分な成果を上げていた。
6 本人確認 （本人コメント）	7 上司確認 （上司コメント）	8 当期成長点数 （次期目標）	6 本人確認 （本人コメント）	7 上司確認 （上司コメント）	8 当期成長点数 （次期目標）
1 成長点数 1 「整理」「整頓」の2Sすら理解しておらず、作業中に周囲からたびたび注意を受けることがある。	2 成長点数 2 4Sを理解はしているが、実践として具体的な行動を自ら取ることができていない。	3 成長点数 3 4Sに対する指示がなくとも、自ら行動すべき事項を理解しており、身のまわりは常に徹底されている。	F 知識・技術 人間力	C 重要業務 品質管理	G 勤務態度 責任感
4 成長点数 4 工程内の5Sがどうあるべきかを理解しており、改善活動に積極的に取組み、実践している。	B 5S認識 5S活動を十分に理解し実践すると共に、周囲に対して好影響を与えている ウェート：2.0	5 成長点数 5 工程内の5Sがどうあるべきかを理解しており、改善活動に積極的に取組み、他に対しての見本となっている。	B 重要業務 5S認識	テーマ 成長シート 製造職（一般） 氏名 ○○○○	D 重要業務 時間管理
6 本人確認 （本人コメント）	7 上司確認 （上司コメント）	8 当期成長点数 （次期目標）	E 知識・技術 専門知識	A 成果要因 改善提案	H 勤務態度 協調性
1 成長点数 1 専門知識がかなり不足しているばかりでなく、自ら学ぼうとする意識も見られなかった。	2 成長点数 2 最低限の専門知識は持っているが、時間と共に忘れることが多く経験ある工程について聞き直すことが多かった。	3 成長点数 3 加工工程における専門知識はマスターしており、機械操作についても支障なく行うことができる。	1 成長点数 1 1件の改善提案もすることがなかった。	2 成長点数 2 1～2件の改善提案を行った。	3 成長点数 3 3～5件の改善提案を行った。
4 成長点数 4 基本的な専門知識はすべて有しており、同僚や部下に対して分かりやすく教えることができる。	E 専門知識 ハーネス製造に必要な一定レベル以上の専門知識を保有し、活用できる ウェート：2.5	5 成長点数 5 現在の業務に必要な専門知識だけでなく、新しい技術に対してもよく研究し身につけている。	4 成長点数 4 3～5件の改善提案を行い、かつ1～2件の提案を実行した。	A 改善提案 今期中において、作業改善・社内改善に関する提案の件数 ウェート：2.0	5 成長点数 5 6件以上の改善提案を行い、かつ3件以上の提案を実行した。
6 本人確認 （本人コメント）	7 上司確認 （上司コメント）	8 当期成長点数 （次期目標）	6 本人確認 （本人コメント）	7 上司確認 （上司コメント）	8 当期成長点数 （次期目標）

B型チャート活用法③

新入社員の採用を計画する

社員の採用計画を落とし込んだチャートです。同時に人材育成についても目標設定をしています。

ここでは、問題解決手法として最初にA「現状分析」をします。さまざまな問題や課題を洗い出し、B「真の原因」を見つけ出し、どうして採用がうまくいかなかったかを考えます。さらにC「あるべき姿」で理想の状態であるゴール・目標を設定していき、方針を明確にします。最後にD「目標値」で具体的に行動する方法として数値目標を決定します。

また、重点施策をE・F・Gエリアに記載、最後のHエリアには組織・管理項目を作成して、人材育成に必要な事項を1枚のシートにまとめています。

6 全社員飲み会 経営計画書を見て、事前に日程を伝える。毎月できるだけ参加してもらう。社員との関わる時間を増やすことでコミュニケーションの強化。	3 ボイスメール 毎週土曜日に仕事ができる人の心得・経営計画書を読んで気づきを入れる。	7 所要時間 価値観教育・セミナー（16h）、ボイスメール（3.4h）、各チーム（8h）、バイト（224h）、飲み会（14h）
2 自社の嫌な事セミナー 社長、社員から嫌なこと、厳しいことを出して、○○社に入社してからのギャップをなくす。	G 重点施策3 内定者フォロー	4 各チーム 各チームに内定者一人ずつ入り、計画を立て、実行をできるようにする。将来的には事業部の実行計画が作れるようにする。
5 アルバイト 事業部、会社の仕事を経験して、入社時に即戦力として活躍するために行う。	1 価値観教育 経営計画書、歴史セミナーを行い、○○社の社員として価値観を共有する。 一杯研修。	8 評価尺度 ・内定4名 ・採用2名

6 OJTインターン ・月1回参加 ・参加しないものは不採用	3 面接 ・面接20名×3回まで絞る	7
2 会社見学会 ・会社見学+経営者の考え会社方針を説明 ・会社説明会50名×3回	D 目標値 （定量）	4 内定・採用 ・内定4名 ・採用2名
5 内定者研修 ・毎月実施 ・参加しないものは不採用	1 会社説明会 ・会社説明会50名×3回 ・面接20名×3回 （これ以上増やさない）	8

6	3 コスト管理 ●●万（サイト代、会場代、飲み代、葉書、名札、テスト代、HP）	7
2 時間管理 合計時間記入 424.15h	H 組織・管理	4 進捗管理 環境整備点検日に各チーム月1回発表。実行計画により、評価をつける。
5	1 組織・役割 広報　H・パートさん 司会　S 説明会 社長・事業部責任者 会場設営　M・Sさん 面接　社員全員	8

6 打ち合わせ 価値観が共有できる人、成長意欲がある人を優先して採用する。学歴は参考程度。	**3 ２次面接** 個人面接。 社員が見て、一緒に働きたい人財か。	**7 所要時間** 選考 71.5h（単独３回×4h=12h １次５回×3h=15h ２次５回×0.5h=2.5h 最終3回×2h=6h）、インターン 8h、打ち合わせ４回×2h=8h。	**6 価値観教育** ・我社の価値観を徹底的に教育する ・社長が教育する	**3 各種説明会** ・自己成長できる会社 ・世の中は甘くない ・優しく理解できるように ・誤解がないように ・受験人数が減ってもいい	**7 受け入れ姿勢** ・全社員が採用の意義、必要性を理解し全力で取り組む ・姿勢は、「優厳」（⇔冷甘） ・妥協はしない
2 １次面接 質問に対してしっかりと受け答えできるか。（筆記、IQ、性格、SPI）	F **重点施策２** 選考戦	**4 最終面接** ○○社に本当に入社したい意思があるかどうか。○○社で働いていける人財か。	**2 広報** ・しっかりとした中小企業の魅力をアピール ・厳しいが自己成長できる ・将来性がある会社である ・会社と共に自分も成長	C **あるべき姿（定性）**	**4 選考基準** ・精神的強さ重視 ・成長意欲重視 ・志望動機を聞く（会社説明会で当社へ入るメリットを話しておく）
5 インターン 積極的に動いているか。チームプレーができているか。食事に対しての感謝があるか。	**1 単独説明会** 今の社会の情勢、会社の目指している方向を伝える。会社見学も行い、雰囲気も伝える。会社、事業部の講演。	**8 評価尺度** 会社説明会 30名×3回。 面接 20名×5回。 内定4名。採用2名。	**5 内定者フォロー** ・優しく厳しく指導する ・学生から社会人への意識改革の期間と考える ・当社についてこれるか見極めの機会とする	**1 集客** ・素直で成長意欲がある学生が大量に応募 ・精鋭の集客を重視する ・甘く弱い学生は来ない	**8 社会教育** ・世の中が激変していることを理解させる ・自己成長の大切さを精神論だけではなく、世界情勢を踏まえて教育
6 コミュニケーション不足 ・新卒の話を聞いてくれる人がいないので誤解がある ・社長との交流が薄い	**3 当社の価値観** ・当社の方針を心から理解させられない ・若いうちから、経営の勉強ができる良さが伝わらない	**7 社員の姿勢** ・全社員に新卒採用を行う意義、必要性を伝えていない	F **重点施策２**	C **あるべき姿（定性）**	G **重点施策３**
2 採用姿勢 ・考えが甘い学生が集まる採用手段である ・厳しくチャレンジする人が来たがる採用手段ではない	B **真の原因**	**4 採用媒体のミス** ・大手志向が集まるサイトで、うまくいかない学生が妥協して受験する傾向あり	B **真の原因**	テーマ 今期リーダ方針 **素直で成長意欲のある人材を育てる**	D **目標値（定量）**
5 若者の立場 ・現在の自分を基準に接している（自分の若い頃を忘れている） ・話をよく聞いていない	**1 トップの姿勢** ・良いことばかりを話して学生を獲得していた ・社会が厳しいものであると教えていない ・思いやりに欠けていた	**8 教育姿勢** ・世の中で通用する人財に育てる気概がない ・世代ギャップを理由に教育を放棄していた	E **重点施策１**	A **現状分析**	H **組織・管理**
6	**3 葉書** 採用したい学生のみ葉書を送ることで、相手の心に残るようにする。葉書は思いを伝えるための最高のツール。	**7 所要時間** メール（単独３回+選考13回+インターン１回）×15分=4.25h 電話（単独3回×70名+選考13回×45名+インターン1回×8名）×5分=約67h	**6 目標が曖昧** ・将来の計画が示せない ・本人の希望を聞いていない 本人への会社の要望も曖昧	**3 集客が少ない** ・中小企業としては多いしかし、もっと大勢の学生に知ってもらいたい ・体育会系学生が来ない	**7 全員の姿勢** ・全社一丸となって良い人材を獲得しようという気持ちになっていない ・家族のように育てようという姿勢ではない
2 電話 H・社長。 採用したい学生のみしっかりと連絡を取り合うことで、選考に進みたい学生を離さないようにする。	E **重点施策１** 広報戦	**4 HP** 採用ページを○○社のHPに作る。○○社のHPを見てくれた人が、○○の選考を受けてくれるようにする。	**2 求める人材が来ない** ・中小企業で勉強しようという人材が来ない ・根性がある人間が少ない ・男子が少ない ・良い人材は、大手へ行く	A **現状分析**	**4 教育ができない** ・仕事が忙しいなどの理由で十分な教育ができない ・教育カリキュラムが未完成 ・年齢が近い先輩不足
5	**1 メール** 優しく厳しい会社についてこれるか。中小企業で勉強したいと考える人財かを見極めるためにメールを送る。	**8 評価尺度** 会社説明会 30名×3回。 面接 20名×5回。 内定4名。採用2名。	**5 内定者フォロー** ・内定者フォローが不十分 ・即戦力化に程遠い	**1 定着率が悪い** ・新卒の離職者が多い ・社内コミュニケーションは良いが、離職する ・仕事が面白くなる前に辞めてしまい残念	**8 会社の価値観** ・勉強会をしているが、会社の良さ、価値観が伝わっていない

B型チャート活用法④

プロ野球選手になる夢をかなえる

2009年当時、小学校6年生だった野球少年が作成したマンダラチャートです。

もともと、この少年の父親がマンダラチャートを活用していて、自身のプロ野球になるという夢をかなえるために、このチャートを作成しました。

ちなみにこの野球少年は、その後見事に志望していた名門大学に合格、現在は野球部に所属して活躍しています。

大リーガーの大谷翔平選手が高校時代に記入した「目標設定シート」が話題になりましたが、この少年も小学生時代に書いたマンダラチャート通りに、夢を着実にかなえつつあります。

6 元気 元気だけは日本一を目指す。	3 性格 ナインの性格を頭に入れておく。	7 冷静 カッカしない。先を読む。
2 知識 野球をよく知っていることが大切。	G チームをまとめる	4 トップの考え 監督が目指す野球を知っておく。
5 ねばり どんな状況になってもあきらめない。	1 信頼 日頃の練習への取り組み方が大切。	8 優厳 優しい人ほど厳しくする。

6 コントロール 投手左肩をねらい、ベースの右側へ。	3 重心 伸び上がらず低い姿勢で。	7 にぎり 指にひっかかるように何度も訓練する。
2 捕る フットワークを使って右肩で捕る（半身）。	D 投げる	4 ステップ 目標にまっすぐ踏み出してから投げる。
5 上体 左肩は目標へ、右肩は弓を引くように。	1 構え 腰を上げておく。胸を張る。視野を広く。	8 力まない 力を入れると球は落ちる。

6 ピンチの対応 タイムをとって1度落ち着くこと。そのまま続けない。	3 打たれてもよし 打たれた点は必ず返ってくる（ミスは返ってこない）。	7 チャンスの対応 失敗を恐れずガンガン攻める！　迷わない。
2 ミスをしない 四球、エラー、ミスはとりかえしがつかない。	H ゲームの流れを作る	4 後半を大切に 5、6、7 回に点を取られたチームが負ける。
5 チャンスとピンチ チャンスの後にはピンチあり、ピンチの後にはチャンスあり。	1 先手必勝 浅い回はどんどん積極的に攻める。できれば勝負をつける。	8 勝利の前 最も慎重に取り組む。逆転が多い。

6 ダッシュ まっすぐ最短距離、腕をまっすぐ振る。	3 役割 アウトカウント、点差、イニングからやるべきこととやってはいけないことを考える。	7 スライディング ・スピードをゆるめない。 ・野手の目を見てボールの逆へ。	6 ボールを打たす ボール球はヒットになりにくい。	3 こまったら外角 何にしようか迷ったら外角。	7 いやな事をする ・集中させない。 ・ささやき作戦。 ・じらし作戦。
2 次の塁をねらう スキあらば次の塁をねらうこと。	F 走る	4 リード ・絶対にボールから目を離さない。 ・走るときはリードを小さくする。	2 ファールでカウント インコースのボール球でカウントをかせぐ三振前の大ファール。	C リードする	4 バッターを見る 立ち位置やかまえ方で、リードを決める。
5 スタート ・投手のクセをつかむ。 ・低い姿勢で。	1 全力疾走 すべて全力疾走。	8 闘志 ぶつかってもケガをしてもセーフになる。	5 初球注意 ねらっているので慎重に投げさせる。	1 ほめる 投手も野手もどんどんほめる。	8 相手ベンチを見る 相手が何をやって来るかいつも考える。
6 投手を見る 相手の投げ方を見てあげる。アドバイスする。	3 ピッチャーをもり立てる いつも笑顔で投手をはげます、ほめる。	7 捕り方 ・手を伸ばす。 ・親指をつき出す。 ・大きな声を出す（「ナイスボール」「入った」）。	F 走る	C リードする	G チームをまとめる
2 正確に捕る ・ミットの芯で全て捕る。落球は1試合2つまで。	B 捕る	4 リズムを考える ・バッテリーのリズムで相手のリズムをくずす。間を考える。	B 捕る	テーマ 野球マンダラ ○○大学の正捕手になってプロ野球のキャッチャーになるためには	D 投げる
5 たくさんの投手の球を捕る ピッチャーの球を捕ることでエラーも少なくなり、クセもわかる。	1 必ず止める どんなボールでも体で止める。投手の不安を完全に消す。	8 ショーバンの捕り方 ボールに向かって、両ひざですべる。	E 打つ	A 心構え	H ゲームの流れを作る
6 インパクト ・外角は引きつける。内角はひざを回す。グリップをボールにぶつける。	3 集中する 気持ちを丹田に集中。自分のリズムで。	7 フォロースルー ボールが飛んだ方向に右手を押し出す。素直にはじく。	6 感謝の気持ち 親やコーチ達のおかげでプレーができる。	3 自分を信じる 必ずできると思ってプレーする。	7 高い志を持つ 夢がないと、それに向かって努力できない。
2 役割 この状況でやるべきこととやってはいけないことを確認する。	E 打つ	4 タイミング 早めにタイミングをとる。	2 あきらめない どんなに苦しくても最後まで頑張る。	A 心構え	4 相手を信じる 相手を信じなかったらプレーはできない。
5 ウエイトシフト 右足にしっかり体重をかける。左手を残す。	1 ねらい球 相手投手が投げる一番多いストライクをねらう。	8 軽く ・腕の力はゼロ。 ・スイングは 70%位の力で振る。	5 相手に信じられる 相手に信じられなかったらチームがまとまらないので、努力する。	1 野球の道は人生の道 野球を一生懸命やる事で立派な人間になる。	8 努力する 誰にも負けない努力をする。

B型チャート活用法⑤

会社の年間スケジュールを立てる

エステサロンのマネージャーが、お店で提案するイベントをマンダラチャートでまとめました。

A～Dエリアには提案する体験イベント、E～Hエリアには季節のおもてなしについて落とし込んでいます。

このチャートを2カ月に1回開催する社内会議の資料として使用したところ、スタッフからは「ポイントが絞られていてわかりやすい」と好評だったそうです。

1枚のチャートで年間イベントが一目で把握できるようになり、スタッフとの情報共有に役立っているそうです。

6 月見団子 ・満月に見立てたお団子 ・十五夜にちなんで15個	3 月の模様 ・国や民族によってどうとらえるか異なる ・日本は餅をつくウサギ	7 季節の収穫物 ブドウのようなツル物はお月様とのつながりが強くなる
2 十五夜 1年で最も月が美しい	G お月見 9月	4 月の満ち欠け ・人々は月の満ち欠けで月日を知った ・月の明かりを頼りに農作業をしていた
5 すすき ・神様が降りてくる目印 ・鋭い切り口が魔除けになる	1 お月見って？ お月様を眺めながら収穫に感謝する行事	8 三方（三宝） ・お供え物を盛る器 ・三方に開いた窓から神様の力を授かる

6	3 生花 バラの花びらを贅沢にフットバスへ	7
2 温度 42度～43度くらい少し熱めのお湯を注ぐ	D フラワーフットバス 11月	4 アロエッセンス ①アロマ効果でリラックス ②香りを楽しむ ③自律神経安定
5	1 効果 ・血行促進 ・デトックス効果 ・自律神経バランス	8

6	3 メリークリスマスって？ キリストの誕生日ではなく「降誕」を祝う日	7
2 日本ではいつ？ ・1552年の山口県 ・キリスト降誕祭のミサをおこなったのがきっかけ	H クリスマス 12月	4 「メリークリスマス」 「楽しく幸せなクリスマスを祈っています」
5	1 由来は ・発祥の地 →トルコ南部 ・ツリーの発祥 →ドイツのアルザス地方	8

6 手作り 七夕飾りは折り紙ですべて手作り	3 七夕飾り 飾りは意味がある	7 五色の短冊 願い事によって短冊をチョイス	6	3 21世紀必須 PC時代だから「オキシトシン不足」	7
2 笹の節句 笹竹に願い事をつるして星に願いをかける	F 七夕 7月	4 七夕の食べ物 そうめん ①食がすすむように ②天の川に見立てる	2 スキンシップ オキシトシンの分泌を高める効果 →疲労回復 リラクゼーション効果	C ハンドケア 9月	4 反射区 手の平→人間の前 手の甲→人間の後
5 サロンでは コデマリを笹竹に見立て短冊を飾る	1 七夕って？ 年に一度織姫と彦星がカササギにのって再会	8 記入した短冊 お客様の願いが叶うように熊本の龍王神社へ奉納	5	1 第2の脳 ・脳の活性化 ・血行促進	8
6	3 どこにたまる？ ・カカトは婦人科 ・指の付け根は肩こり ・足裏が硬い人は冷え症	7	F 七夕 7月	C ハンドケア 9月	G お月見 9月
2 角質はどうしてできる？ ・外的な刺激 ・身体の内側からくる場合	B フットケア 5月	4 ホホバオイル ・人の皮質に近い成分を持つオイル ・浸透性が高く保湿力も高い	B フットケア 5月	テーマ 年間スケジュール おもてなしイベント	D フラワーフットバス 11月
5	1 フットケア歴史 18世紀初頭、ルイ王朝時代にハイヒールが男性貴族に大流行 →足トラブル続出	8	E ひな祭り 3月	A ヘッドマッサージ 3月	H クリスマス 12月
6	3 飾り物 犬筥、犬張り子 →出産や子どもの健康を祈る	7	6	3 エッセンシャルジェル ・血行促進 カンフル、メントール ・排泄効果が高い	7
2 桃の節句 ・桃の木は聖なる木 ・邪気払いの力がある	E ひな祭り 3月	4 菱餅 緑の餅→厄除け 白の餅→清浄 赤の餅→厄病よけ	2 効果 ・リラックス効果 ・血行促進	A ヘッドマッサージ 3月	4 バイオプトロン セロトニン分泌 →自律神経の安定
5	1 ひな祭りって？ 女の子の健やかな成長と幸せを願う	8	5	1 季節 ・平均気温の変動が大きい ・自律神経の崩れ	8

B型チャート活用法⑥

生きてきた証として学んだことをまとめる

自分自身の心の奥にある価値基準を書き出したマンダラチャートです。そのため「育児」ではなく「育自」という言葉を使っています。

作成者自身が60代となり、自分自身を振り返った際、経験や考えをまとめたこのチャートは、後に書籍を刊行するときのもとになったそうです。作成者の希望として、自分の心と向き合いたいときに読んでいただければ嬉しいとのことです。

なお、Hエリアの1～8は、第5章で解説する「人生8大分野」に従って分けています。人生の一面にとらわれず、バランスよく生きていくための振り返りとなっています。

6 人格 価値基準・判断基準は何？ 1、好きか・嫌いか 2、正しいか・正しくないか 3、損か・得か	3 役割 自分で決めたことは、何事も一生懸命迷わず実行すると次のステップが待っている。惑わされると振り出しに戻る	7 智慧 今を生きる知識・知恵。日本人の知識・智慧。自分の頭脳にインプットされている知識・智慧。
2 家庭 すべてが始まる母港です。命はここから生まれ育まれる。大切に強い絆を育てよう。世界一の財宝です。	G 財宝 活躍してますか	4 人財 「一人では生きられない」。人の縁で人生が決まる。 人間が好き、自ら「縁」を求め心からの言葉で語り合おう。
5 健康 健康があって、夢も叶う。わがまま心に、結果は？　あなたの健康維持法は？ 食事は笑顔で「いただきます！」	1 お金 あり過ぎてもいろいろ、なさ過ぎても生きられないお金。必要な時に必要な分を…。 子どもには身につく使い方をしたいものです。	8 自信 自分自身でしか身につきません。 何事も一生懸命に極める。

6 社会 人間大好き人間です。ボランティアもそれなりに、体もお金もよく動く。活動できるのは、主人のお陰です。ありがとう！！	3 伴侶 我が城を守り、発展させる、父性愛と母性愛を育む、人格向上を実践する同士。 紆余曲折と愛を重ねる夫婦。	7 先祖 それなりに大切にしている。家系を絶やさずにつなぐのが私の役目らしい。子どもへの伝達を忘れずに。 家系図など作ろう。
2 親 私のすることを黙って見守ってくれた両親。心配でも信じ成長を待ち続けてくれた両親。知恵袋を孫に贈る。感謝！	D 役割 私とのかかわり	4 子ども 私を母に選んでくれた子どもたち。 いっぱい、感動や幸せの贈りものをくれる子どもたち。いつまでも見守っていたい私です。
5 仲間 家族・親族以外で出会った人々、みんな地球の仲間！　一生に何人会えるのかな？ 世界の仲間と笑顔で語ろう。	1 自分 順調に育ったが病気のため、進路断ち切れの私、迷い道に入り込んだ私。「女王蜂」かと思いきや「働き蜂」。 ～今も模索中～。	8 天 「来るもの拒まず、去る者追わず、そして驚かず」「懐を大きく生きる」。 天から授かった私です。

6 人格 まだまだ修行中の私です。「八正道」を実践できるように心がけ、懐を大きく、明るく、笑顔で生きたい私です。	3 経済 必要な時、必要なだけまわる。 お金は有効活用しなければ、財産も借金も残さず、が理想 パパありがとう！！！	7 学習 勉強ではないが、いろいろな教えをいただいている私。 直接体験は、生きた学習、一生、学ばせてください。
2 仕事 縁に従い、私への天命と心得させていただきます。 年齢を重ねたから、できることもある。	H 育自 今から育自	4 家族 「素晴らしい両親・夫・子どもを持っていますね。あなたが、わがままをいわなければ幸せ」と占い師にいわれた私。当たり！！
5 社会 さまざまなボランティア活動に縁をいただき、地域社会から世界にも関われたことに感謝。世界平和を心から祈ります。	1 健康 一病息災で、大病なし。持続力はないが気力はある お口は元気で檄をとばす。まだまだ頑張りたい私。	8 遊び 遊びの中にたくさんの学びあり。宝の山の遊びを選ぶか、ゴミの山の遊びを選ぶか、我が心の持ち方ひとつ。

6 **叱る** 心からの愛をもって叱る。 その人のことを真剣に思い、正しいと確信することをいえる自分でありたい。	3 **恋愛** 初恋は何時？ 好きから恋に、そして愛に、"胸キューン"。 今も素敵な恋をしてますか？ ハートを軽石にしないで！！	7 **泣く** 愛の心がなければ、泣くこともできません。嬉しくても、悲しくても、大粒の涙が出るなんて、なんと感動的なことでしょう。	6 **環境** 生まれた環境から学んだことは、その人の判断基準のベースになっている。良いことを吸収する習慣をつけ自分の環境整備をしよう。	3 **感動** 心が喜ぶと心身共に健康になる。生まれて初めて笑った時、誰かに感動してもらった人は、他喜力を知り感情豊かな人になれる（臨床心理士より）。	7 **学習** 環境から創られたベースに、自らの学びをたくさん加えて、人格が形成されていく。 直接体験も大いにしましょう。
2 **父性愛** 尊いお方の「とー」は、大きな愛を持ち、命懸けで守ってくれる人。 父性愛の豊かな人を育てるのは、母性愛です。	F **愛情** 持ってますか	4 **人類愛** 「世界は一つ、皆家族」本当にそのままです。世界中の人が笑顔で暮らせる日の近いことを、信じよう。	2 **言動** 感情直下型言動と指向型言動がある。あなたはどっち？ 私は前者、瞬間型言動かも。地球が喜ぶ言葉を使うように、心がけたいものです。	C **心** 一瞬一瞬の判断	4 **波動** 電波と同じく目に見えない波。想いが念波となり伝わるらしい？！ 良い念波・言霊で地球を守り、地球と人間社会を守ろう。
5 **ほめる** 心からの愛でほめられたら、本当に嬉しいです。 ほめることは、自分も心豊かで大きな人になることです。	1 **母性愛** 出産の特権をもつ女性。 生まれながらにある母性愛を育て豊かにするのは、男性の無限大の愛情が必要です。	8 **笑う** 心から笑える人は幸せな人。温かい笑み、大笑い、微笑み、いつも笑顔でいたいですね。あなたは笑福配達人！！	5 **脳＋魂＝心？** 親・先祖から受け継いだ脳と宇宙に生き続けた魂が合体したのが「心」ではないかと、勝手に思っています。	1 **行動** 振り子が＋と－の半分より多く振れたほうに体は動く、自然に…。一瞬一瞬、自覚でしているのか、心はついていっているのか？	8 **自覚** インプットしたあらゆる知識の中から、自分で選びアウトプットする。すべてのことを…。その時に正しい判断基準が必要です。
6 **40代** 子育て真っ只中！ 真剣勝負。「学ぶことは、30歳まで全面協力、ただし、財産は残さず」。私流「我が家の家訓」。	3 **10代** もって生まれた性格と幼児期に習ったことが混じり合い、今の私です。目も心も離さず見ていてね。 母を越えるぞ！！	7 **50代** 人間的にも、社会的にも「育」の集大成。自分の評価は？ 次世代に「ほめる」「叱る」やっていますか、愛を込めて。	F **愛情** 持ってますか	C **心** 一瞬一瞬の判断	G **財宝** 活躍してますか
2 **児童** 3歳までに、しっかりしつけをして善し悪しの判る人に育てて。吸収率100%、何でも覚える。「親」という字は木の上に立って見ると書く。	B **育成** 育てられて	4 **20代** 大人の社会に突入です。「我慢・辛抱」も身につけて、将来のために、大いに「苦」を消化して、大きく育とう。父を越えたい！！！	B **育成** 育てられて	テーマ **おかんの育自書**	D **役割** 私とのかかわり
5 **30代** えっ！ 子育て！ 大丈夫！ 子どもが親を育ててくれます。「子育て事業」はやり直しができない、すごい大事業です。	1 **乳幼児** 呼吸やおっぱいの飲み方は、知ってるよ！！ 笑ったり泣いたら喜んでね！ 一人遊びをしている時は黙って見守っていてほしいの！！	8 **60歳から** 再び青春。楽しく学ぶ時です「元気」「やる気」「笑顔」を忘れずに！ 可愛く歳をとろう。天命を全うするために、今も育っている私です。	E **体** 若く美しく健康	A **等しく** あなたも私も	H **育自** いまから育自
6 **フェイス** 自分で一番好きな顔は？ 笑顔は美人の素・平和の元。顔は心を表すところです。いつまでもきれいに…。	3 **休** 体に聞きながら休もう。休み過ぎも不調です。 リラックス法は自分流で。正しく休もう。	7 **ヘア** 大切な脳を守る髪です。形が変わると気分も変わり不思議です。天からもらったあなたに似合う髪を大切にしよう。	6 **人生の課題** 「嬉しい」「楽しい」「悲しい」「苦しい」ことは、誰にでも分け隔てなく訪れる。自分の使命・課題を受け入れ実践しよう。	3 **自然** 大宇宙の太陽系の地球。自然は、生き物すべてを大きく深く包み込んでいる。それは、優しくも厳しくも…。	7 **楽と苦** 楽しいことは素晴らしい！ 楽（らく）をすると後が大変。苦しむことは何もない。苦は人を育てる、苦は努力。
2 **寝** 寝る子は育つ。 寝る大人も健康。 一日に何時間寝ていますか？ 自分の適正時間を知ろう。	E **体** 若く美しく健康	4 **想** いつも健康な心でいたい。それは自分の想いが決める。 想像力は、楽しみも苦しみも生み出す、強い力がある。	2 **親・先祖** 脈々と続いている親と子、あなたには何人の先祖がいるでしょう。子孫と同じく先祖に思いを寄せ、意識してみませんか？	A **等しく** あなたも私も	4 **健康＋愛情＋財** この3つは、ひとかたまり、この比重と大きさは自分次第。バランスも大事、一つに集中する時間も大事です。 幸せな人生設計を…。
5 **ボディ** 両親から受け継いだ一生使う大事な肉体、感謝して使わせていただこう。 地球人に生まれて良かった。	1 **食** 豊かな日本にいて、体に良い食物を良い分量だけ食すのは、強い意思が必要です。幼児期から実行しなければ…。	8 **スタイル** 「食寝休想」が良好ならば、心身共にバランスの取れた、素敵で、健康的なあなたが、いるのです。	5 **自分で選んできた** あなたの人生は生まれる前に自分で決めてきたらしい。両親、生き方、寿命さえも、喜んで受け入れていますか？	1 **生・老・病・死** お釈迦様が修行されたのは、この悩み不安を取り除くため。悩み不安は、我が心の内のこと、「生老病死」は平等です。	8 **人生の大きな波** 以前、「人生の波は大きく 20 年のスパン」と聞いた。「最良」「良」「並」「不良」があるらしい。 あなたの一生は？

B型チャート活用法⑦

自分のプロジェクトを立ち上げる

「小樽運河をきれいにする」という一大プロジェクトをまとめた20代男性のマンダラチャート。1カ月間毎朝1時間、運河を清掃した記録です。もちろん仕事をしながらの活動ですから、その時間を捻出するのは容易なことではありません。こうした難しいプロジェクトを実現する際にも、マンダラチャートは有効です。

仕事以外の自分のイベントやプロジェクトにマンダラチャートを活かす方法は、日常の記録であるライフログを作成する際にも応用できます。またこの事例のように、SNSに活動報告をすることで自身のモチベーションを高める工夫は今ならではですね。

6 減少 体重が減った。 74㎏⇒70.5㎏	3 実感 社会貢献の実感が芽生えた。	7 充実 一日が長くなり、さらにあっという間になった。
2 増加 水分摂取量が2～3倍に増えた。	G 変化	4 感謝 些細なことに心から感謝するようになった。
5 順風 成約件数が、3倍になっていた。	1 早起き 朝早起きが当たり前になった。	8 気づき 落ちているゴミに気づくようになった。
	3 道具 ○Sさん ○清掃道具一式 ○必要な物資をヘソクリで提供	
2 和が輪を生み環を変える ○Sさん ○朝里川温泉 ⇒生活拠点を小樽に変更	D ご支援	4 宿 ○Fさん ○クリーニング ワイシャツ、肌着など
5 食料 ○家族　○U先生 ○Kさん 栄養ドリンク、菓子、朝食、お土産など	1 車 ○O先生ご夫妻 宿～小樽運河～職場の移動を実現	
6 娯楽 テレビを見ない。 本を読む。	3 禁酒 期間中はアルコール厳禁。	7 習慣 お風呂、歯磨き、ベッドメイキング。 生活態度を正す。
2 感謝 感謝日記をつける。	H 約束	4 健康 毎朝晩、白湯を飲む。
	1 達成 1カ月間、毎日やり抜く。	8 心身 心から楽しむ！

	3 気づく 川の表情、環境変化に気づく。 雨の日の増水、 晴れた日の 穏やかな空気。		6 Twitter ○リツイート ○リプライ	3 お手紙 「何かが動くというか、変化しそうですね！」 「朝とか大変だけど体調崩さないようにがんばって」	7 Facebook ○メッセージ ○イイネ！
2 しんどい 2週間目あたりが少ししんどい。 運転、食事、睡眠 生活バランス。	F 継続	4 気づかれる 誰かが気づく。 大学職員、大学生、 散歩中の人、 商店街、マスコミなど	2 早朝散歩の方 「おはようございます」 「ごくろうさま」 「毎朝ありがとうね」	C 応援	4 メール 「今日天気悪かったけど大丈夫だった？」
	1 終わらない 取っても毎日ゴミが溜まる。 ⇒終わりは、ない。	8 変わる 街の集合的無意識が変わる。 協力者が現れる、 市民運動が起こる。	5 mixi ○コメント ○足あと	1 清掃手伝い ○経営者塾の仲間 ○大学職員 ○学生	
6 実現 実行のための条件がすべて揃った。	3 企画 アクションプランを必死で探し、相談した。	7 幸運 たくさんのご協力が得られた。	F 継続	C 応援	G 変化
2 不安 ○毎朝やるの？ ○家～職場～小樽の移動手段は？ ○睡眠時間とれる？	B 決意	4 情熱 お世話になった小樽のために貢献活動がしたい。	B 決意	テーマ 小樽運河クリーンプロジェクト	D ご支援
5 協力 想いに賛同して下さる方々が現れた。	1 選択 不可能だと思ったが「やる」といった。	8 教訓 世の中すべて 「できる・できない」 ではなく 「やる・やらない」。	E プロジェクト内容	A 目的	H 約束
6 場所 小樽運河に注ぐ妙見川（みょうけんがわ）	3 期間 ○年6月19日 ～7月18日 1カ月間、毎朝	7 一日の流れ 4：00 起床 4：30～5：00 妙見川清掃 5：30～：30 朝食・身支度 6：30～8：00 出勤（車移動） 8：30～22：30 仕事 22：30～0：00 帰宅（車移動） 0：30 就寝	6 小樽への貢献 「運河をきれいに」 ⇒観光の魅力UP ⇒観光客の増加 ＝経済の活性化	3 小樽とは ○観光名所…小樽運河 ＝貴重な観光資源	7 課題 ○小樽運河がくさい、汚ない。 生活排水が流れ込んでいる。
	E プロジェクト内容		2 人生で大切なこと お世話になった方、地域への感謝、奉仕、恩返し。	A 目的	
	1 服装 タオル つなぎ 胴長 長手袋	8 情報発信 Facebook、Twitter、mixi 毎日レポート		1 母校での経験 ○小樽商科大学 ○サークル活動 ○地域交流	8 解決策 ○継続的な清掃 ⇒①生活排水の除去 ②市民の意識変容

旅行記をつくる

最後に、旅好きにおすすめしたい、マンダラチャートの旅行記をご紹介しましょう。20回以上の台湾訪問の経験から、今後旅行をする方へのヒントとして、そして自分自身の情報整理と次回の旅行を充実させるために作成されました。

時間軸と具体策を考えた構成で、Aエリアで旅のテーマを決め、Bエリアでプランニング、Cエリア以降が具体的な持ち物・買い物・移動手段・観光スポット・食事となっており、最後のHエリアが次回に向けてのまとめとなっています。

旅行のたびにこのようなチャートを作成すれば、写真だけではない旅の思い出を残すことができます。

6 蚵仔煎 牡蠣入りオムレツ。甘いたれととろみがマッチ。	3 カキ入り麺線 とろみのあるあっさりスープが好きです。	7 マンゴーカキ氷 練乳がたっぷりかかったカキ氷はたまりません。
2 台南担仔麺 エビと煮卵入りが定番。	G 台湾で食べたいB級グルメ	4 生煎包 餃子を大きくした、肉まん。野菜のみもあり。
5 海鮮粥 エビ、カニ他、たくさん海鮮入り、汗をかきながら食べたい。	1 小籠包 もともと上海料理ですが、これを食べずして帰れません。	8 愛玉 レモン味の冷たいゼリー。暑さをしのげます。

6 ちり紙 台湾のトイレに紙の用意はない。あらかじめコンビニで必要分を調達しておくととっさのときに困らない。	3 雨具 台湾は意外と雨が多い。突然のスコールに出くわすこともあるため、必要に応じて傘やレインコートをコンビにで調達する。	7 付箋、メモ用紙、ペン あらかじめ行き先を記入しておき、タクシー乗車時に運転手に見せるとよい。また現地の人との筆談用にも使える。
2 コンビニ袋 台湾のコンビニでは袋が有料。初回購入時に袋代を払って購入したら、それを旅行中に使いまわす。	D 現地で調達	4 サンダル 安宿の場合、サンダルがない場合もある。部屋でシャワーを浴びるときも、移動用の靴とは別にあると便利。
5 飲料水 市内なら日本よりもコンビニが多いので飲料水の調達は容易だが、地方に行く場合はあらかじめ市内で購入しておくとよい。	1 台湾マップ 目的地へ移動するための地図を入手。空港の出国口に観光協会窓口があるので、ここで地図を調達。もしくはコンビにでも調達できる。	8 郵便切手 あらかじめ日本向け国際郵便用の額面の切手を買っておく。こうすることで、旅先の途中で手紙を投函でき、時間の節約になる。

6 ラジオで情報収集 台湾国際放送でホットな話題を毎日提供中。台湾国際放送 RTI のロゴマーク。	3 写真を撮る 珍しいお店やスポットは、撮影しておく。次回訪台時のヒントになる。	7 観光協会で情報収集 日本の台湾観光協会事務所で観光の詳しい資料を入手。台湾観光協会のロゴマーク。
2 レシートを取っておく 現地で買い物した品物の金額と一日の消費金額を記録する。次回の予算が立てやすくなる。	H 次回の旅行に向けて	4 絵葉書を出す 街中のコンビニ、もしくは帰りに早めに空港に着き、知り合いに手紙を出す。友人にも旅の記録ができる。
5 移動記録のとり方 13:00 桃園国際空港着 13:30 入国審査 13:50 両替 14:10 桃園国際空港発 15:00 台北駅着	1 毎日の移動時間を記録 台湾現地で移動した行程の時間の記録をできるだけ細かくとる。次回訪台時の参考になる。	8 イベントに出席する 台湾に関するさまざまなイベントや講習が行われている。日々台湾の情報にアンテナを張り、情報収集に努める。

6 花蓮・太魯閣/清水断崖 海と空と断崖が絶景。花蓮県清水断崖の写真。	**3 台北・九份** 昔懐かし日本統治時代の栄華。新北市九扮の写真。	**7 澎湖・七美島** 囲込み漁の岩ガキが美しい。澎湖県七美島の写真。	**6 予約変更時に必須** パソコンの写真。	**3 iPhone / Android** 空港でプリペイドSIMを調達すれば滞在中、格安で台湾現地での通信確保。また移動時のナビゲーターになってくれる。	**7 旅程確認に必須** スマートフォンの写真。
2 総統府 中華民国台湾総統府の写真。	**F** **私の好きな台湾スポット**	**4 嘉義・阿里山** 森林鉄道と日の出。嘉義県阿里山の写真。	**2 パソコン** 台北はネット社会。バス、電車、ホテルの予約変更から急な航空券の予約まで、すべてネットで調達。	**C** **台湾旅行の必需品**	**4 観光ガイド** やっぱりこれは何かあったときの最後の命綱。旅先の急な変更時には必須。
5 墾丁・小湾 台湾のハワイ。屏東県墾丁・小湾の写真。	**1 台北101** 台北盆地を一望できる。台北101の写真。	**8 台東・三仙台** 孤島に向かうアーチ。台東県三仙台の写真。	**5 MRT/バスで重宝** Easy Cardの写真。	**1 EasyCard** 台北全土でほぼ使用可能なICカード。鉄道、バス、タクシー、コンビニ他さまざまな場面で重宝する。特にバス乗車では重宝する。	**8 最後の助けはこれ** 旅行ガイドブックの写真。
6 航空会社 <一般航空会社> 日本航空、全日空 中華航空、エバー航空 <LCC> Jet Star、ピーチ航空、Tiger Air など	**3 ホテルを予約する** 現地で飛び入り宿泊も可能だが、短期間旅行の場合は必ず先に予約を済ませる。現在はHPでも安く予約が可能。	**7 よく利用する手配サイト** ホテルと国内航空券手配。ezTravel、Ctripなどのチケットサイト。	**F** **私の好きな台湾スポット**	**C** **台湾旅行の必需品**	**G** **台湾で食べたいB級グルメ**
2 台湾往復航空券手配 航空会社のHPで予約するのが早いし安い。プランにより入国地を決める。	**B** **旅のプランニング**	**4 台湾国内移動手段確保** できれば、台湾国内の鉄道、バスの足も予約できるものはあらかじめ予約しておくとよい。現場で慌てずに済む。	**B** **旅のプランニング**	テーマ **私の台湾旅行術**	**D** **現地で調達**
5 遠方に移動するコツ 初日に極力一番遠い場所まで移動し、出国日に向けて、徐々に出国する空港に戻るようにプランニングするとよい。	**1 台湾入国、出国日** 入国日、出国日とその時間もチェック。一日を移動で終えるか、半日でも観光できるかで大きく旅程が異なってくる。	**8 Evernoteに旅程を記録** Evernoteに移動計画、宿泊先、鉄道予約サイトなどすべてを記録。現地でスマホで呼び出し、移動時に参照する。	**E** **台湾での移動のコツ**	**A** **旅のテーマを決める**	**H** **次回の旅行に向けて**
6 台鉄・タロコ号 日本製の特急車両。太魯閣号の写真。	**3 台湾高速鉄道の利用** 台湾中・南部への移動はこれが便利。日本で事前に予約して、現地でチケット受領するだけ。	**7 高速鉄道車両** 乗り心地は間違いない。台湾高速鉄道の写真。	**6 お茶・食の旅** 台湾の各地方の食を求めて島一周するのもいい。またお茶の産地をめぐる旅も一考。高山烏龍茶は一度味わうとやめられない。	**3 滞在日数を決める** 無限に時間があれば不要な項目だが、短期間でも充実した旅行は可能。	**7 自然の旅** 台湾本島の中・南東部に自然が集中。しっかりと移動時間を確保したい。
2 台湾鉄道の利用 あらかじめ旅程が決まっていれば、事前に日本で予約する(自強号、莒光号、復興号)。今は台湾セブンイレブンでも購入可能。	**E** **台湾での移動のコツ**	**4 タクシー利用** 時間がないときはタクシーが便利。日本よりも料金が安いため、短期旅行の場合は大いに利用したい。黄色が目印。白タクに注意。	**2 行きたいところを決める** 「ここだけはどうしても外せない」場所を決める。プランニングで時間的にまわれない場所も出てくるが、これを決めておくと旅程が組みやすい。	**A** **旅のテーマを決める**	**4 予算を決める** とにかく安く旅するか、リッチな旅をするかで移動の仕方も変わる。最初に決めたい。
5 國光客運 台湾全土ネットワークを誇る國光客運バス。	**1 バスの利用** 現地移動に必要なバス会社を調べる。ほぼHPに掲載されているため、事前に下調べしておく。	**8 黄色のタクシー** きれいなタクシーを選ぼう。台湾のタクシーの写真。	**5 温泉めぐりの旅** 台湾には多数の温泉あり。水着を持っていこう。	**1 テーマを決める理由** 一回の旅行ですべてを満喫しようとすると、旅行が強行軍になり、暑い台湾では体力を消耗しがち。欲張らず、テーマを決めるのがコツ。	**8 歴史・文化の旅** 国立故宮博物院もよし、市内に点在する旧日本統治時代の歴史建築物を散策するもよし。

コラム

マンダラチャートはこうして生まれた

マンダラチャートは、私の父であり、クローバ経営研究所創業者である松村寧雄が1979年に考案したものです。

幼いころから祖父に連れられてよく寺に行っていた父は、仏教的なものに触れる機会が多かったといいます。当初はそれほど興味がなかった父も、やがて仏教という宗教は「智慧の大系」だということを感じるようになっていきます。

1979年に経営コンサルタントとして独立した父は、幼いころに身につけた仏教的な考え方が、ビジネスに応用できるのではないかと考えるようになりました。なかでも、難しい教典をビジュアル化、アイコン化したマンダラは、私たち現代人の問題解決、目標設定にも役立つということに気づきます。そこで、3×3のマンダラの考え方をフレームワーク化して、マンダラチャートのA型、B型を開発し、提唱していったのです。

経営コンサルタントという仕事柄、当初は、主に経営者や会社役員を対象にして、経営計画、事業計画、社長方針などの策定にマンダラチャートを活用していました。

やがて、このフレームワークが、ビジネス全般、そして人生や日常生活における問題解決、目標達成にも広く役立つということがわかり、現在では小学生から高齢者まで、幅広い層の方々に活用していただき、人生を豊かにするために貢献をしています。

第5章

いい目標が、いい人生をつくる

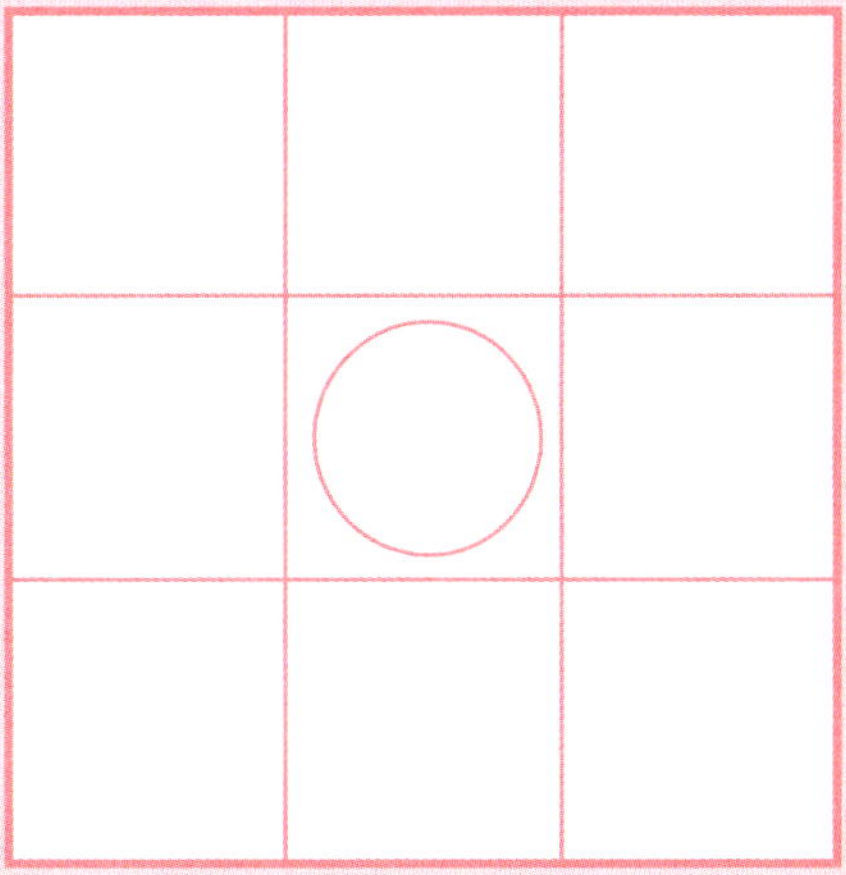

人生が変わるマンダラチャート

人生を有意義なものにする考え方

着くべき港を決めず、航海図ももたずに船が出港したら、どうなるでしょうか。大海原で波に翻弄されて漂うしかありません。実際にはありえませんが、話を人生に置き換えてみると、よくあることです。

目的や目標がなく闇雲《やみくも》に行動するだけでは、周囲に振り回されて時を過ごしていく結果しかもたらしません。豊かな人生はとうてい望めません。

では、どうすればいいのでしょうか。左ページの図のように、緊急度と重要度に従って、物事を4つに分類して考えてみましょう。

「緊急で重要なこと」とは、「締め切りのある仕事」や「せっぱ詰まった問題」など。でも、ここに時間を費やしすぎるとストレスを感じ、燃え尽きてしまう恐れがあります。

「緊急ではないが重要なこと」には、「余暇の活用」「家族サービス」「学習」などがあたりますが、時間がないと、ついおろそかにしがちな分野です。

「緊急だが重要ではないこと」は、「突然の訪問」「無意味な接待」など。周囲に翻弄されているうちに、貴重な人生の残り時間は消費されてしまいます。

「緊急でも重要でもないこと」とは、「暇つぶし」や「だらだらとテレビを観る」などで、他者に依存するばかりで、むなしい人生になってしまいます。

豊かな人生を送るには何が大切かといえば、第2分野の「緊急ではないが重要なこと」をいかに充実させられるかにかかっているのです。

自分の時間の使い方を見直してみよう

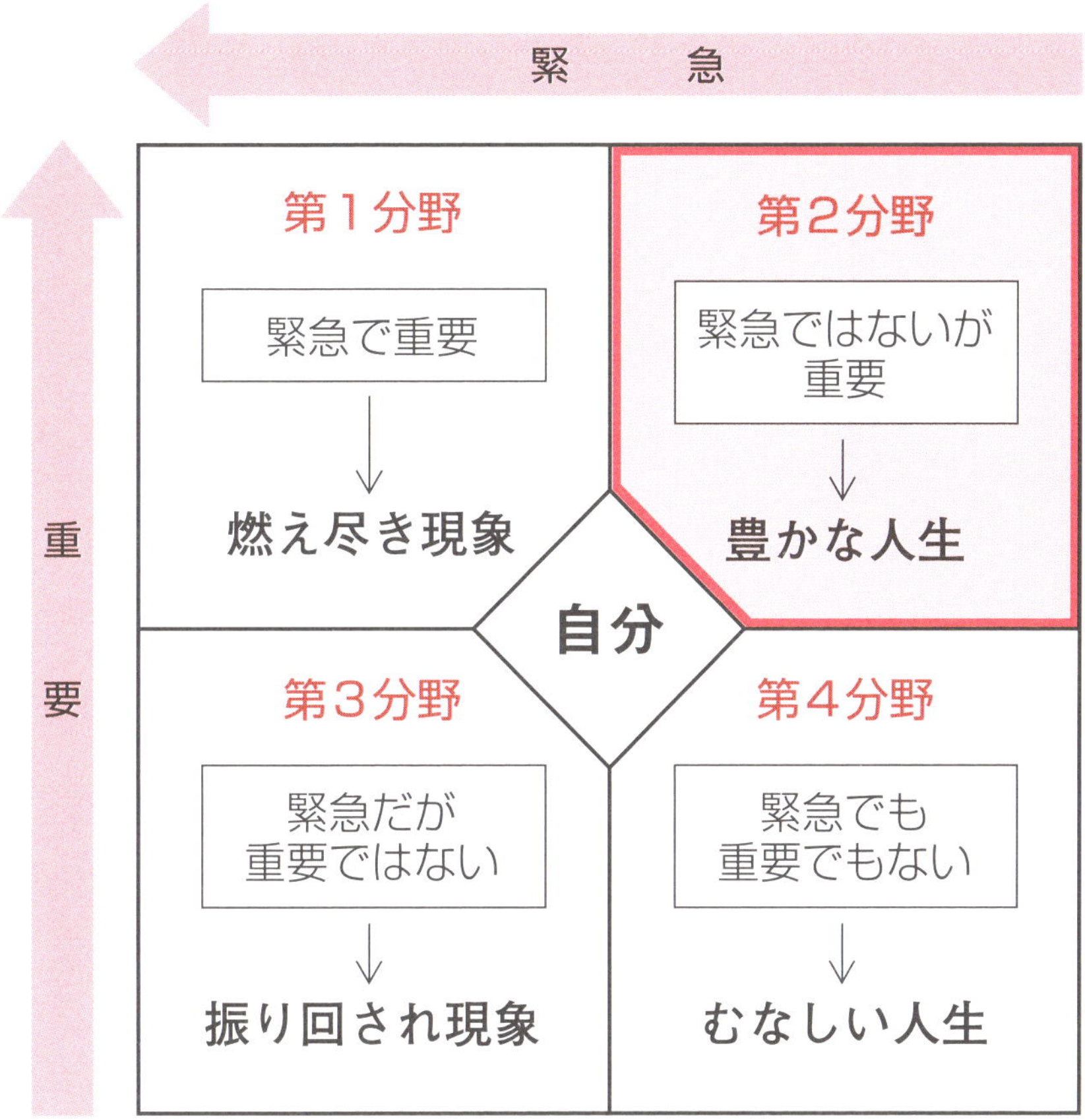

人生を充実させるにはマンダラチャートを使って
「緊急ではないが重要なこと」を描き出すこと

人生が変わるマンダラチャート

人生を8分野でとらえる

前ページでは、豊かな人生を送るために、「緊急ではないが重要なこと」をどれだけ充実させるかがポイントだと述べました。でも、日々の雑事や周囲の誘惑にあふれた世の中で、そのことを意識し続け、さらに実行していくのは容易ではありません。

そんなときに強い味方になるのがマンダラチャートです。マンダラチャートは目標達成のための強力なツールであるということは、すでに繰り返し述べた通りです。それは人生の目標でも同じこと。マンダラチャートに人生の目標を描き出してみましょう。

「人生の目標なんて、あまりにテーマが大きすぎてどうしたらよいかわからない」と思うかもしれません。でもそこで、物事を8マスに落とし込んで考えるマンダラチャートの特長が生きてきます。

マンダラチャートでは、左図のように、人生を「健康」「仕事」「経済」「家庭」「社会」「人格」「学習」「遊び」という8大分野に分けて考えます。これを「人生8大分野」と呼んでいます。

すると、はじめは混沌としていた頭の中が、8分野に分けてチャートに書き込んでいくうちに整理され、目標が明確になってくるはずです。

目標が定まれば、具体的な行動も見えてきます。そうすると、現実に振り回されることがなくなり、どんどんと目標へと近づいていくことができるでしょう。このとき、マンダラチャートはあなたの人生の羅針盤になるのです。

F 人　格	C 経　済	G 学　習
B 仕　事	**今年の目標・役割計画**	**D 家　庭**
E 社　会	**A 健　康**	**H 遊　び**

マンダラチャートの人生８大分野

Aエリア…健康

健康は、豊かな人生を過ごす基本です。現時点で健康な人は、それをどう維持するか、そしてもっと健康になるためにできること（スポーツや健康法など）を記入します。また、現在健康に問題がある人は、その治療が最優先課題となります。生活習慣の再考や通院・投薬などについて書いていきます。

Bエリア…仕事

ビジネスで実現したいことや、現状の改善計画などを考えていきます。ただし、仕事によって経済的安定を得ることは大切ですが、それだけにこだわってしまうと人生は楽しくなくなります。人生とは、人格を磨く場であり、社会貢献の場でもあります。専業主婦の人は、家事について記入していくといいでしょう。

Cエリア…経済

お金に関する現状と計画を書き込みます。年間収入、資産、投資、ローン、その他もろもろの出費など、お金の出入りが把握できるように、すべて書き込みましょう。扶養している子どもがいれば、その年齢によって将来の計画も考えます。

Dエリア…家庭

豊かな人生の基盤となる分野です。どんな家庭にしたいかというビジョンを描きます。また、それを実現するために、家族の一人ひとりに対し、どのようなことができるのかを考え、家庭における自分の役割を考えてみましょう。定期的に外食、旅行などの計画や目標があれば、ぜひ書き込んでください。

Eエリア…社会

社会と切り離された人生はありません。会社・地域・学校関係・友人といったように、必ず何か関わりがあります。現在所属しているサークルや団体について、また同窓会、マンションの理事など、現状と今後の予想を書き込みます。人脈づくり、参加できそうな活動なども念頭に入れて考えるといいでしょう。

Fエリア…人格

人格は「世界共通のパスポート」であり、人に信用されることは豊かな人生に不可欠です。しかし、自分が取り組まなければ何も変わりません。人格は行動がつくるものです。人間関係において常に心がけていることや、身近な人の見習いたいところ、座右の銘などを入れてもいいでしょう。

Gエリア…学習

興味のあること、学びたいことを記入します。読書や語学習得の計画など、現在やっていることでも、これからやりたいことでも構いません。今は生涯学習の時代です。仕事に関することか否かにかかわらず、常に学ぶ姿勢が人生を活性化させます。

Hエリア…遊び

オンとオフの切り替えは大切です。メリハリのある生活が、人生に充実感をもたらします。オフタイムにどんなことをやりたいか、旅行、レジャー、趣味、スポーツなどについて書きましょう。仕事が忙しいと、遊びの計画はどうしても後回しになりがちですが、最初からしっかりと組み込んでおきましょう。

人生が変わるマンダラチャート

1年間の行動計画を立てる

では、人生の目標を描くマンダラチャートの具体例を示してみましょう。ここでは、短期的な目標として、「今後1年間の行動計画を立てる」という設定にしました。センターエリアには、人生の目的、ビジョン、座右の銘などを入れるといいでしょう。

Aエリアには、健康診断や人間ドック、歯の治療など、具体的な行動を記入します。健康維持のために心がけたいことも書き入れます。Bエリアは、職種や立場によって大きく変わってきますが、クリアすべき課題などを記入します。Cエリアには年間の計画のほかに、住宅ローンや子どもの教育資金計画といった長期にわたることも記入してください。Dエリアでは、家族の名前を挙げて、その人のために何をしてあげられるのかを具体的に考えます。

Eエリアは、イベントの幹事、自治会の役員など、現在自分が関わっているものを書き出してもいいですし、これから協力できそうなことでも構いません。Fエリアには、自分に対する指針を記入します。目標とする人物を書いてもいいと思います。Gエリアは、資格取得、教養のための読書などといったことを記入します。Hエリアは、趣味を楽しむ、スポーツ観戦や芸術に触れる機会などが当てはまります。

ここでは文字で記入する例を示しましたが、スペースに余裕があれば、旅行に行きたい場所や、理想とする人の写真、取りたい資格の認定証の画像などを貼り付けると、より具体的にイメージできます。

F 人格	C 経済	G 学習
①明るく楽しく元気よく！ ②整理整頓をする ③○○氏のビジネスへのファイトとまわりの人への心配りを見習う ④継続は力	①年間の収入を把握する ②毎月○万円貯金する ③長男の塾費用、受験・入学の資金を確保する ④ボーナスの半分を住宅ローン返済にあて返済期間を短縮する ⑤株式投資を控える	①毎月５冊ビジネス書を読む ②週１回の英会話スクールの継続 ③通勤途中のリスニングを継続→TOEIC700点目標
B 仕事	今年の目的・役割計画	D 家庭
①売上○円達成！ ②新企画を月２つ出す ③□月までにスタッフ１名採用 ④見積もりの迅速化を△月までに実行（そのためのソフトを検討）	豊かな人生とビジネス	①８月に家族で北海道旅行をする ②月１回は子どもを連れて実家に行く ③妻→家事を手伝う ④長男→塾の勉強をみる ⑤長女→夜本を読んであげる
E 社会	A 健康	H 遊び
①高校の同窓会幹事を引き受ける ②長男の野球部父母会の役員を引き受ける	①誕生日に健康診断をする ②第２水曜日、歯の治療とクリーニングに行く ③暴飲暴食をやめる ④週２回スポーツジムに通う	①ゴルフ今年中に100を切る！ →週１回は打ちっ放しで練習する ②○○のコンサートに行く

「人生のバランス度」を客観的にチェックする

ここで、自分がバランスのいい人生を送っているかどうかを、左ページにあるマンダラチャートを使って自己評価してみましょう。各エリアに、４つずつ質問があるので、５段階で評価をしてください。

１…意識にもなく、まったく実行していない。
２…少しは意識しているが、実行はしていない。
３…意識しており、これから実行したい。
４…意識しており、少しは実行している。
５…意識しており、きちんと実行もしている。

軽い気分で数字に○を付けていってください。それができたら各エリアの点数を合計します。エリアによって、点数のバラつきはありましたか？

6	3 スキルアップ ビジネススキルアップのため、学んでいるものがある（MBA・英会話・パソコン・専門的セミナーなど） 1−2−3−4−5	7
2 人生の質向上 人生を楽しむためお金と時間を費やして学習する行動をしている（お茶・お花・書道など） 1−2−3−4−5	G 学　習 ____点 20点	4 ライフワーク ライフワークとしてのプロジェクトをもって学習を継続している（写真・音楽・文学など） 1−2−3−4−5
5	1 自己向上 自己向上のためお金と時間を費やして学習する行動をしている（セミナー・英会話など） 1−2−3−4−5	8

6	3 家族のために 家族一人ひとりに、してあげられることを考え、実行している（誕生日・行事参加など） 1−2−3−4−5	7
2 家族と共に 家族と共にいることを楽しむ行事を設けている（旅行・スポーツ観戦・美術館・映画） 1−2−3−4−5	D 家　庭 ____点 20点	4 両親・兄弟 両親・兄弟などのためにできることを行動に移している（訪問・電話・会食など） 1−2−3−4−5
5	1 家庭 どんな家庭にしたいかを常に考え実行している（日々の会話・日々の食事など） 1−2−3−4−5	8

6	3 美術 美術で心から楽しめる時をもてる（絵画・書道・写真など）。制作及び鑑賞 1−2−3−4−5	7
2 音楽 音楽で心から楽しめる時を持てる（ギター・ピアノ・バイオリンなど）。演奏及び鑑賞 1−2−3−4−5	H 遊　び ____点 20点	4 その他 心から楽しめる時間を過ごせる（読書・映画鑑賞・旅行・登山・ガーデニング・ドライブ・グルメなど） 1−2−3−4−5
5	1 スポーツ つきあいでなくスポーツを楽しめる（ゴルフ・テニス・ダイビング・ヨガ・瞑想）。プレイ及び鑑賞 1−2−3−4−5	8

6	3 座右の銘 座右の銘（一切は空・相互依存など）をもち、人格向上に結びつく行動をとるべく努力をしている 1－2－3－4－5	7	6	3 短期計画 短期に必要な経済的動きを把握して計画している（子どもの学費・入学金・旅行など） 1－2－3－4－5	7
2 尊敬する人 尊敬する人をもち、近づく努力をしている（歴史上の人物・先輩・友人など） 1－2－3－4－5	F **人　格** ＿＿点 20点	4 反省と改善 自分の行動を振り返り、反省したり改善したりする習慣をもっている 1－2－3－4－5	2 長期計画 長期の資産増大・借金返済などの計画を立てている 1－2－3－4－5	C **経　済** ＿＿点 20点	4 夢・目標 経済的に夢・目標をもって実現の計画をも考えている（新居取得・新車購入・世界一周・貯蓄など） 1－2－3－4－5
5	1 人格を磨く 人格を磨く・高める意識をもち、努力している（読書・セミナー・瞑想など） 1－2－3－4－5	8	5	1 現在の把握 自分の現在の経済状態をきちんと把握している（資産・借金など） 1－2－3－4－5	8
6	3 創意工夫 仕事に対して、常に創意工夫をしている（新システム導入・商品開発・顧客開発・市場開拓など） 1－2－3－4－5	7	F **人　格**	C **経　済**	G **学　習**
2 夢・目標 仕事に対する具体的な夢・目標をもっている（売上目標・新店舗・株式上場・起業など） 1－2－3－4－5	B **仕　事** ＿＿点 20点	4 100%の力 仕事を人生の 1/8 と認識しながら、妥協せず常に 100%の力で臨んでいる 1－2－3－4－5	B **仕　事**	人生8大分野 **自己評価**	D **家　庭**
5	1 楽しむ 仕事を私生活と区別せず楽しんでいる 1－2－3－4－5	8	E **社　会**	A **健　康**	H **遊　び**
6	3 地域 地域と関わる努力をしている（自治会役員・子ども関係の役員ボランティアなど） 1－2－3－4－5	7	6	3 生活 健康にいい生活を意識している（飲酒・食事の質・量・早寝・早起きなど） 1－2－3－4－5	7
2 人脈 仕事・私生活を問わず人脈を大切にしており、いい巡り会いをする努力もしている 1－2－3－4－5	E **社　会** ＿＿点 20点	4 組織 組織に協力する姿勢をもっている（同窓会幹事・会社イベント幹事など） 1－2－3－4－5	2 健診 定期健診（人間ドック・歯科検診）など、健康に意識をもって生活に取り入れている 1－2－3－4－5	A **健　康** ＿＿点 20点	4 エクササイズ 健康のために決めたエクササイズを実行している（水泳・ジョギング・エアロビクス・ヨガ・散歩など） 1－2－3－4－5
5	1 仲間 リラックスできると共に、自己を向上させる仲間がいる。またはつくろうと努力している 1－2－3－4－5	8	5	1 治癒・治療 健康に関する問題点の治癒治療に努力している（病気・目・耳・歯など） 1－2－3－4－5	8

人生が変わるマンダラチャート

人生のバランス度がわかるレーダーチャート

前のページでチェックした「人生のバランス度」を、ひと目でわかりやすくするために、レーダーチャートのグラフにしてみましょう。

まずは、前ページで出た点数をもとに、左ページの各分野の目盛りに点を打っていきます。たとえば、Aエリアの健康の合計点が15点なら、レーダーチャートの中心から「A　健康」に向って伸びている目盛りの15の位置に点を打ちます。このようにしてAからHまで点を打ったら、最後にそれらを線で結んでください。どんな八角形ができましたか。

注目すべきは、八角形の大小よりバランスです。このときの形が正八角形に近いほど、人生のバランスがとれていることを意味します。

八角形の大きさについては、人によって採点基準が違うので、厳密な比較はできません。けれども、八角形のバランスについては、一人の中で同じ採点基準をもって評価をしたのですから、人生の各分野に対する評価が相対的に比較できます。

レーダーチャートをよく眺めていくと、「仕事は突出しているけれど、家庭の部分はくぼんでいる」「遊びはまずまずだけれど、学習にはほとんど点数がない」といった、さまざまなことが見えてくると思います。人によっては「なるほど」と思うこともあれば、意外な結果に驚くこともあるでしょう。意外だと感じた人は、じっくりと毎日の生活を振り返ってみたほうがいいかもしれません。

人生のバランス度がわかるレーダーチャート

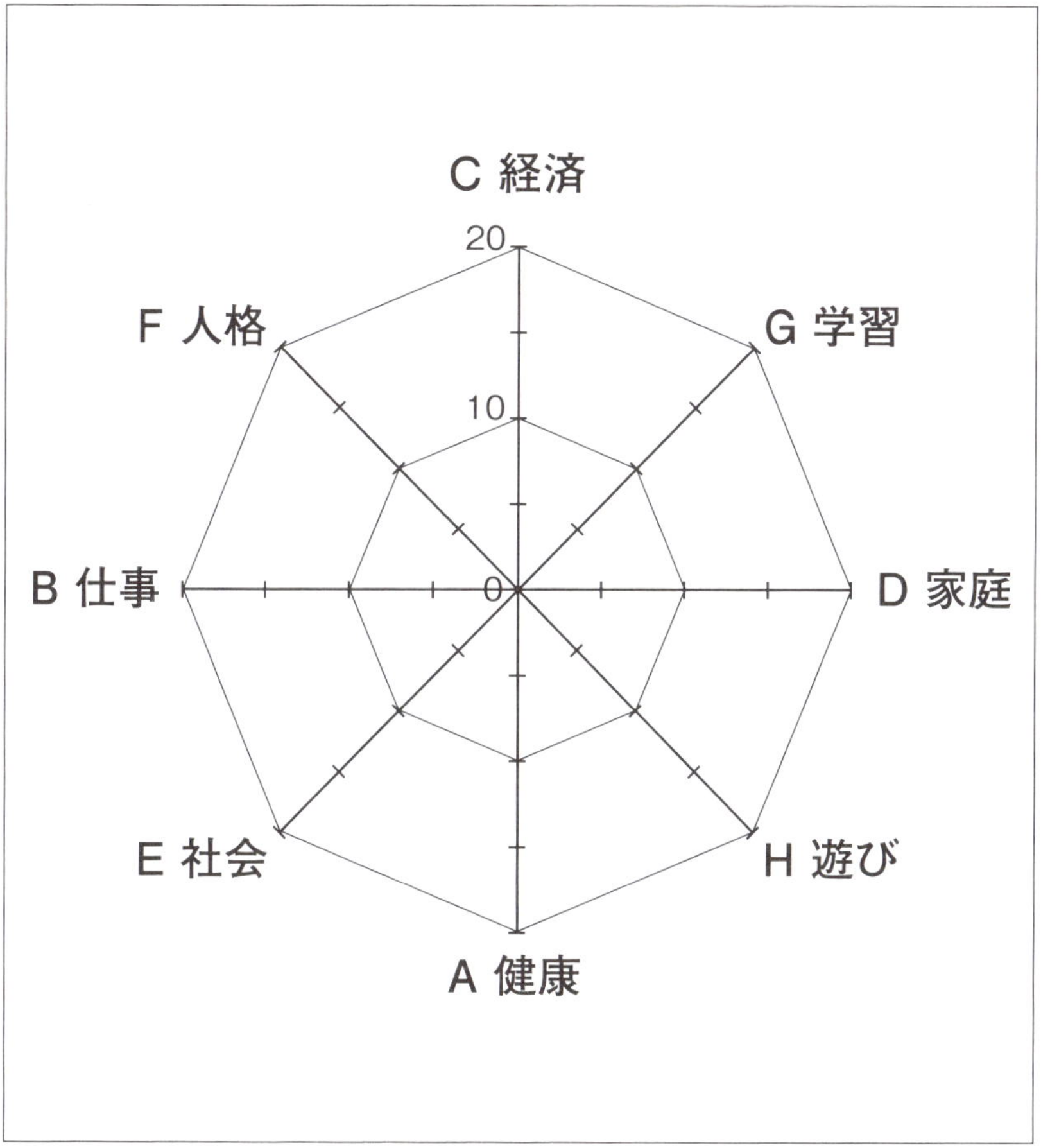

1年に一度、人生のバランス度をチェックする

レーダーチャートで人生のバランスを知る目的は、この結果を今後の人生に活かすことにあります。試験ではないのですから、結果に一喜一憂する必要は、まったくありません。

人は、年齢や立場によってそれぞれ環境が違いますから、必ずしもすべてのエリアで高い点数になるとは限りません。独身の人と家庭をもっている人とでは「家庭」のバランスも違いますし、社会人になったばかりの人とビジネスパーソンとして長年経験を積んできた人とでは、「経済」にも差が出てきて当然です。反対に、若い人と年配の人とでは、「健康」の分野で逆転することがあるかもしれません。

大切なことは、ここから何を学び、何を活かしていくかです。

「毎日忙しくしているのに、どうしても充実感がなく幸せな気がしない」あるいは「経済的には恵まれているのに、なぜか豊かさが感じられない」といった思いを抱えていた人は、このレーダーチャートのビジュアルで理解することによって、はじめてその理由に気づくことができるかもしれません。

ぜひ、豊かな人生を実現するためのヒントとして、この結果を活用していってください。そうすれば、あなたの人生のバランスは、どんどんとよくなっていくはずです。

この「人生8大分野」の自己評価は、年に1回は行うことをおすすめします。

バランスの悪いレーダーチャートの例

●仕事にかたよっている

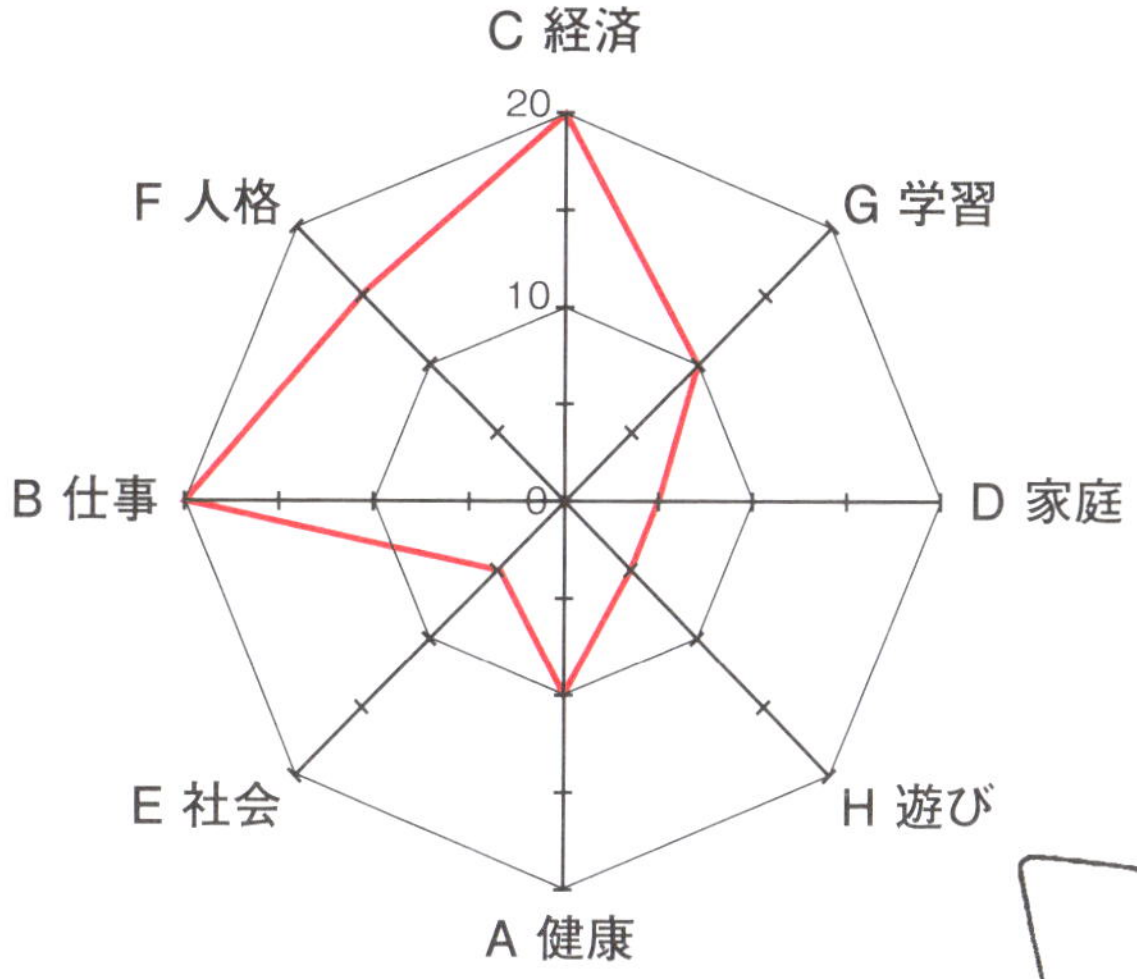

●プライベートにかたよっている

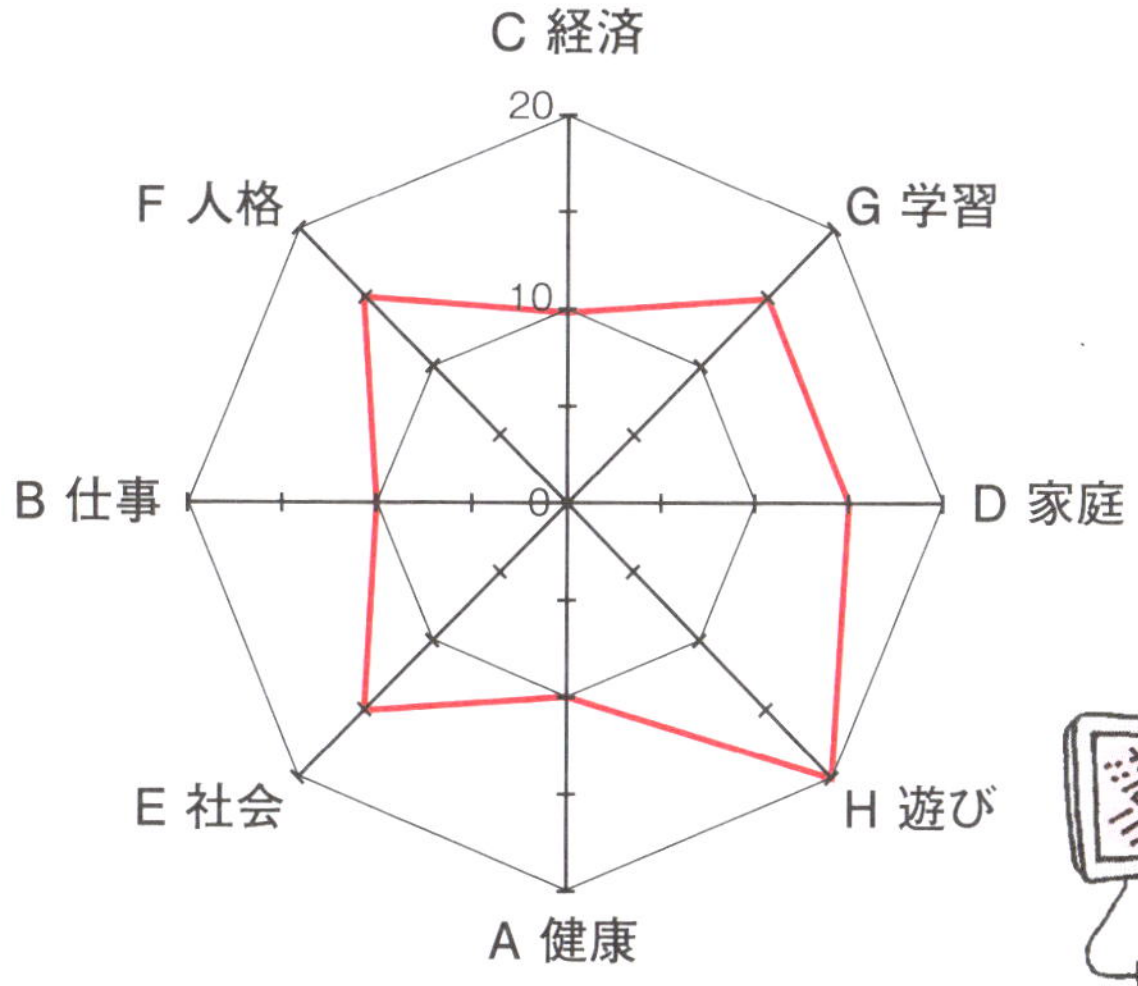

1枚の紙で「理想の人生」を思い描く

ここまでは、人生のバランス評価のために既成のB型チャートを使いましたが、ここではあなた自身の「理想の人生」を描いてみてください。

A〜Hの人生8大分野には、それぞれ4つのリーフに細かい項目を展開していますが、これはあくまで参考事例です。ほかにあれば、書き換えるか、空欄の5〜8リーフに書き込んでいってください。

バランス度のチャートで、評価が低かったエリアについては、とくに意識して何ができるかを考えてみてください。コツは「グ・タ・イ・テ・キ・ニ」。たとえば、「健康」であれば「昼食はお弁当持参」「シメのラーメンをやめる」と具体的に書きます。

6	3 スキルアップ	7
2 人生の質向上	G 学習	4 ライフワーク
5	1 自己向上	8

6	3 家族のために	7
2 家族と共に	D 家庭	4 両親・兄弟
5	1 家庭	8

6	3 美術	7
2 音楽	H 遊び	4 その他
5	1 スポーツ	8

6	3 座右の銘	7	6	3 短期計画	7
2 尊敬する人	F 人格	4 反省と改善	2 長期計画	C 経済	4 夢・目標
5	1 人格を磨く	8	5	1 現在の把握	8
6	3 創意工夫	7	F 人格	C 経済	G 学習
2 夢・目標	B 仕事	4 100%の力	B 仕事	人生8大分野 行動計画	D 家庭
5	1 楽しむ	8	E 社会	A 健康	H 遊び
6	3 地域	7	6	3 生活	7
2 人脈	E 社会	4 組織	2 健診	A 健康	4 エクササイズ
5	1 仲間	8	5	1 治癒・治療	8

人生が変わるマンダラチャート

「人生100年計画」を立てる

「人生100年」が現実となってきました。100歳で「なりたい自分」になっているかは、現在の自分の行動によって左右されます。そして、今何をすべきかは、未来から逆算して過去と現在を眺めることで浮き彫りになります。そのツールとなるのが、マンダラチャートを使った「人生100年計画」です。

左図のように、年代ごとに人生8大分野を展開。過去、現在の年代には実際にあったこと、未来の年代には「どうありたいか」を書き込んでいきます。

そうして、過去、現在から、未来にあたる部分を過ぎ、100歳になった時点での自分の姿を思い描いたとき、「今何をするべきか」が見えてくるのです。

6 人格	3 経済	7 学習
2 仕事	G 70代 (70歳～) 年～　年 過去・現在・未来 【成就期】	4 家庭
5 社会	1 健康	8 遊び

6 人格	3 経済	7 学習
2 仕事	D 40代 (40～49歳) 年～　年 過去・現在・未来 【初惑期】	4 家庭
5 社会	1 健康	8 遊び

6 人格	3 経済	7 学習
2 仕事	H 100歳 年 【完成期】	4 家庭
5 社会	1 健康	8 遊び

6 人格	3 経済	7 学習	6 人格	3 経済	7 学習
2 仕事	F 60代 (60～69歳) 年～　年 過去・現在・未来 【精励期】	4 家庭	2 仕事	C 30代 (30～39歳) 年～　年 過去・現在・未来 【創造期】	4 家庭
5 社会	1 健康	8 遊び	5 社会	1 健康	8 遊び
6 人格	3 経済	7 学習	F 60代 (60～69歳) 年～　年 過去・現在・未来 【精励期】	C 30代 (30～39歳) 年～　年 過去・現在・未来 【創造期】	G 70代 (70歳～) 年～　年 過去・現在・未来 【成就期】
2 仕事	B 20代 (20～29歳) 年～　年 過去・現在・未来 【修行期】	4 家庭	B 20代 (20～29歳) 年～　年 過去・現在・未来 【修行期】	人生100年計画 氏名 私の誕生日 年　月　日	D 40代 (40～49歳) 年～　年 過去・現在・未来 【初惑期】
5 社会	1 健康	8 遊び	E 50代 (50～59歳) 年～　年 過去・現在・未来 【立志期】	A 幼少期～10代 (0～19歳) 年～　年 過去・現在・未来 【想見期】	H 100歳 年 【完成期】
6 人格	3 経済	7 学習	6 人格	3 経済	7 学習
2 仕事	E 50代 (50～59歳) 年～　年 過去・現在・未来 【立志期】	4 家庭	2 仕事	A 幼少期～10代 (0～19歳) 年～　年 過去・現在・未来 【想見期】	4 家庭
5 社会	1 健康	8 遊び	5 社会	1 健康	8 遊び

人生が変わるマンダラチャート

「人生100年計画」の記入例

人生100年計画を書く際は、まず自分の名前と生年月日を書き入れ、「A　幼少期」からスタートします。このとき、該当する期間（○年～○年）も記入し、「現在・過去・未来」のいずれかに○をつけます。「健康」ならその時期の健康状態、「仕事」はアルバイトの経験なども書きます。「経済」は子どもの頃ならお小遣い、大人になってからは貯金などの経済状態など、「家庭」は親兄弟や親戚にしてもらったことなど、「社会」は友人などの仕事以外の活動、「人格」はその時期の自分の性格など、「学習」は好きだった科目や習い事など、「遊び」はその時期熱中していたことなどを書き入れていきましょう。

6　人格 ①平常心 ②社会にお礼 ③恩返し	3　経済 ①月●万で生活 ②冠婚葬祭 ③旅行資金 ④年金の確認	7　学習 ①教育 ②恩返し ③自叙伝製作
2　仕事 ①完全リタイア ②顧問として教育 ③業界にお礼還元	G 70代 （70歳～） 2041年～2070年 過去・現在・未来 【成就期】	4　家庭 ①孫の成長 ②妻との会話 ③自宅売却
5　社会 ①地域活動 ②同窓会 ③ウォーキング仲間	1　健康 ①毎日ウォーキング ②定期健診 ③5歳若い姿	8　遊び ①ウォーキング ②温泉旅行 ③坐禅の継続

6　人格 ①責任 ②落ち着き ③笑顔	3　経済 ①教育資金 ②家族旅行の貯金 ③ローンの組み換え	7　学習 ①経営者としての心構え ②マーケティング ③人材育成
2　仕事 ①●歳社長就任 ②新規事業開発 ③海外アプローチ	D 40代 （40～49歳） 2011年～2020年 過去・現在・未来 【初惑期】	4　家庭 ①長男●歳 ②妻●歳 ③週末の夕食 ④海外旅行
5　社会 ①異業種交流会 ②業界の会合 ③マンション組合理事 ④同窓会幹事	1　健康 ①ダイエット10キロ減 ②人間ドック正常値 ③フィットネス継続 ④腸炎で入院	8　遊び ①海外旅行 ②出張時の飲み歩き ③筋トレ

6　人格 ①父親とそっくりな最期 ②安らぎと落ち着き	3　経済 ①財産整理 ②遺言の執行 ③墓の準備	7　学習 ①坐禅は生涯継続 ②後継者・後慶の成長を願う
2　仕事 ①後継者の成長を見守る ②業界の成長を祈る	H 100歳 2071年 【完成期】	4　家庭 ①家族円満 ②自宅で最期 ③感謝の気持ち
5　社会 ①地元地域で最期を迎える ②お墓は海が見える場所を希望	1　健康 ①2足歩行 ②歯は20本 ③ピンピンコロリ ④意識がしっかり	8　遊び ①ウォーキングを日課にする ②坐禅月2回、自宅でも行う

6 人格 ①平常心 ②落ち着き ③早寝早起き	3 経済 ①老後資金 ②冠婚葬祭費 ③年金の確認	7 学習 ①心の教育 ②坐禅の継続 ③後継者育成	6 人格 ①自立 ②笑顔 ③責任	3 経済 ①結婚資金 ②ローン月●万 ③定期月●万	7 学習 ①後継者としての経営の勉強 ②HP スキル ③ビジネス書月２冊
2 仕事 ①後継者育成 ②セミリタイア ③集大成	F 60代 (60～69歳) 2031年～2040年 過去・現在・未来 【精励期】	4 家庭 ①孫との遊び ②墓参り(季節ごと) ③国内旅行	2 仕事 ①家業に戻る ②セミナー開催 ③財務管理 ④広報	C 30代 (30～39歳) 2001年～2010年 過去・現在・未来 【創造期】	4 家庭 ①●歳結婚 ②●歳長男誕生 ③週末の家族サービス
5 社会 ①地元での活動 ②同窓会 ③経営者との会合	1 健康 ①PET 受診 ②5 歳若い姿 ③人間ドック継続 ④ウォーキング	8 遊び ①月２回坐禅継続 ②温泉旅行 ③ストレッチ運動とウォーキング	5 社会 ①新居を会社の近くに構える ②同窓会の参加 ③異業種交流会	1 健康 ①フィットネス通い ②帯状疱疹 ③2 回目のインフルエンザ ④禁煙に成功	8 遊び ①海外旅行 ②映画鑑賞 ③子どもと運動
6 人格 ①好奇心 ②はじめての経験を貪欲に吸収 ③自己開示	3 経済 ①学生時はアルバイト代で月●万 ②月●万貯金	7 学習 ①法学部でのゼミ ②現代政治 ③ビジネス書月１冊 ④パソコンスキル	F 60代 (60～69歳) 2031年～2040年 過去・現在・未来 【精励期】	C 30代 (30～39歳) 2001年～2010年 過去・現在・未来 【創造期】	G 70代 (70歳～) 2041年～2070年 過去・現在・未来 【成就期】
2 仕事 ①大学生はホテルでアルバイト ②新卒●●社入社 ③修業の期間	B 20代 (20～29歳) 1991年～2000年 過去・現在・未来 【修行期】	4 家庭 ①一人暮らしを開始 ②定期的に家族と食事 ③年末年始の帰省	B 20代 (20～29歳) 1991年～2000年 過去・現在・未来 【修行期】	人生100年計画 氏名 ●● 私の誕生日 1971年●月●日	D 40代 (40～49歳) 2011年～2020年 過去・現在・未来 【初惑期】
5 社会 ①サークル活動 ②海外旅行の影響で語学学校に通う ③お祭りに参加	1 健康 ①睡眠不足 ②インフルエンザ ③トレーニング	8 遊び ①海外旅行 ②テニス ③城めぐり	E 50代 (50～59歳) 2021年～2030年 過去・現在・未来 【立志期】	A 幼少期～10代 (0～19歳) 1971年～1990年 過去・現在・未来 【想見期】	H 100歳 2071年 【完成期】
6 人格 ①忍耐 ②継続 ③笑顔	3 経済 ①教育費 ②ローン完済 ③貯金月●万 ④リフォーム資金	7 学習 ①AＩ化の対応 ②採用と教育 ③坐禅関係	6 人格 ①性格はおとなしい ②内気な性格 ③真面目	3 経済 ①小遣いは月●円 ②中流の経済状況 ③親に預けたお年玉はなくなる	7 学習 ①好きな科目社会 ②嫌いな科目美術 ③水泳が得意
2 仕事 ①事業拡大 ②選択と集中 ③幹部社員の育成	E 50代 (50～59歳) 2021年～2030年 過去・現在・未来 【立志期】	4 家庭 ①長男大学進学 ②海外旅行 ③週末の夕食	2 仕事 ①高校生の時、食堂でアルバイト ②両親の家業の手伝い	A 幼少期～10代 (0～19歳) 1971年～1990年 過去・現在・未来 【想見期】	4 家庭 ①両親、姉、妹の５人家族 ②父親が独立するまでは転勤族
5 社会 ①異業種交流会 ②業界の会合 ③マンション組合理事再任 ④同窓会幹事再任	1 健康 ①実年齢より５歳若い姿 ②人間ドック２年に１回 ③体重●キロ	8 遊び ①月２回の座禅 ②海外旅行 ③筋トレ継続	5 社会 ①少年野球 ②ボーイスカウト ③ボランティア	1 健康 ①健康優良児 ②小学６年左腕骨折、高校２年鎖骨骨折 ③インフルエンザ	8 遊び ①小学校…野球 ②中学校…サッカー ③高校…柔道 ④大学…テニス

30代までの「人生100年計画」の立て方

若い人には、先ほどの「人生100年計画」のチャートは使いにくいかもしれませんね。20代の人にとっては、50代も70代もずっと先のことであって、それを区別して書き込むのは難しいと思います。

若い人が使うときは、たとえば「小学校、中高、大学、20代、30代、40代、50代以降、100歳」のように8分割のしかたを柔軟に変えて結構です。ただ、「100歳」のゴールだけは動かさないでください。

マンダラチャートを書いていくと、30代の人でも、いつまでも若くはいられないことに気づくことでしょう。限られた人生の時間を、有意義に使う大切さを知っていただければ幸いです。

6 人格	3 経済	7 学習
2 仕事	G 50代以降 (50歳～) 年～　年 過去・現在・未来 【成就期】	4 家庭
5 社会	1 健康	8 遊び

6 人格	3 経済	7 学習
2 仕事	D 20代 (23～29歳) 年～　年 過去・現在・未来 【初惑期】	4 家庭
5 社会	1 健康	8 遊び

6 人格	3 経済	7 学習
2 仕事	H 100歳 年 【完成期】	4 家庭
5 社会	1 健康	8 遊び

6 人格	3 経済	7 学習	6 人格	3 経済	7 学習
2 仕事	F 40代 (40〜49歳) 年〜　年 過去・現在・未来 【精励期】	4 家庭	2 仕事	C 大学時代 (19〜22歳) 年〜　年 過去・現在・未来 【創造期】	4 家庭
5 社会	1 健康	8 遊び	5 社会	1 健康	8 遊び
6 人格	3 経済	7 学習	F 40代 (40〜49歳) 年〜　年 過去・現在・未来 【精励期】	C 大学時代 (19〜22歳) 年〜　年 過去・現在・未来 【創造期】	G 50代以降 (50歳〜) 年〜　年 過去・現在・未来 【成就期】
2 仕事	B 中学・高校時代 (13〜18歳) 年〜　年 過去・現在・未来 【修行期】	4 家庭	B 中学・高校時代 (13〜18歳) 年〜　年 過去・現在・未来 【修行期】	人生100年計画 氏名 私の誕生日 年　月　日	D 20代 (23〜29歳) 年〜　年 過去・現在・未来 【初惑期】
5 社会	1 健康	8 遊び	E 30代 (30〜39歳) 年〜　年 過去・現在・未来 【立志期】	A 小学校時代 (0〜12歳) 年〜　年 過去・現在・未来 【想見期】	H 100歳 年 【完成期】
6 人格	3 経済	7 学習	6 人格	3 経済	7 学習
2 仕事	E 30代 (30〜39歳) 年〜　年 過去・現在・未来 【立志期】	4 家庭	2 仕事	A 小学校時代 (0〜12歳) 年〜　年 過去・現在・未来 【想見期】	4 家庭
5 社会	1 健康	8 遊び	5 社会	1 健康	8 遊び

人生を豊かにするマンダラ手帳

マンダラチャートでスケジュールを管理する

マンダラチャートは、使えば使うほど人生を豊かにするツールです。それが、いつも手元にあれば、さらに効果は何倍にもなることでしょう。そんな考えのもとに開発されたのが、「マンダラ手帳」です。

この手帳は、単なるスケジュール管理ではなく、仕事と人生を同時進行で豊かにしていくことを目的としています。

スケジュール管理の役割としては、1週間を9マス思考で俯瞰《ふかん》してとらえることで、常に目標からぶれることなく日々の行動を計画し、実行できるという利点があります。そして何よりも、仕事と人生を豊かにすることを目的として、マンダラチャートの形式そのままに、「人生計画」「ビジネス計画」を手帳の中で立案できる構造になっているのです。

現在、スケジュール管理というと、スマホ（スマートフォン）を利用する人が増えています。スケジューリングや、グループウェアで使いたいという場合には、確かにスマホが便利です。しかし、ただ仕事の管理だけをするスマホには、どこか飽き足らない人が少なくありません。そんな人に評価されているのが、マンダラ手帳なのです。人生8大分野のバランスがとれるマンダラ手帳は、まさに仕事と個人のワークライフバランスをとるのに適した現代的なツールといってよいでしょう。ですから、スマホとはもちろん、ほかの手帳との複数持ちをしている人も多いのです。

マンダラチャートから生まれた「マンダラ手帳」

マンダラチャートのフォーマットと考え方を手帳に落とし込み、「マンダラ手帳」が誕生

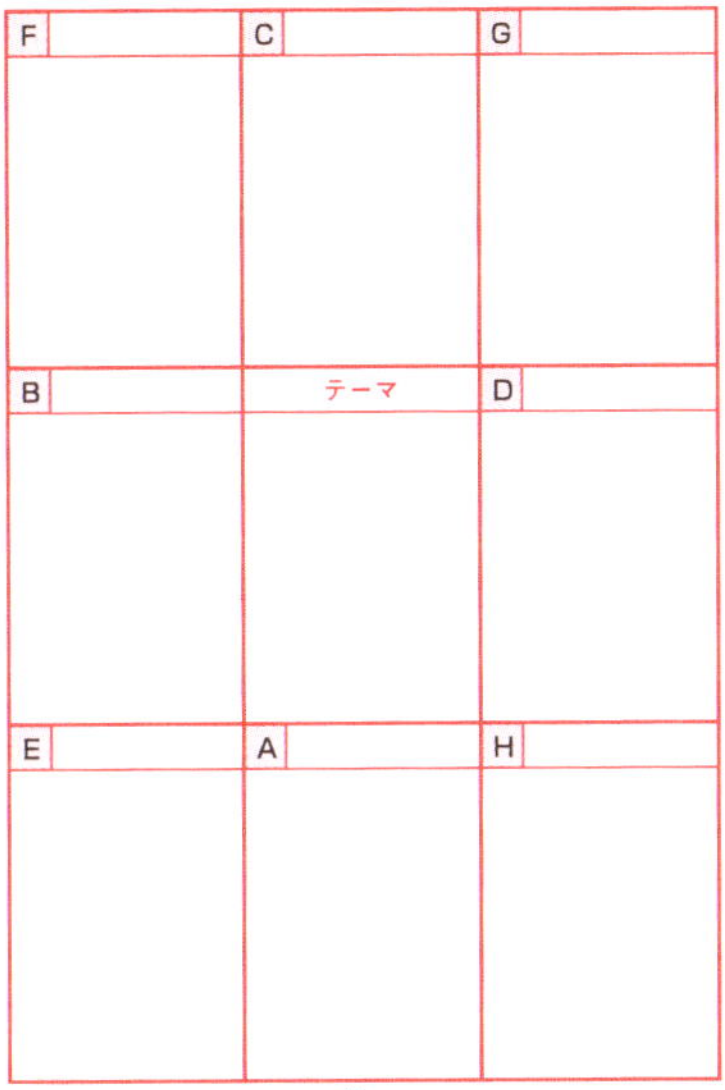

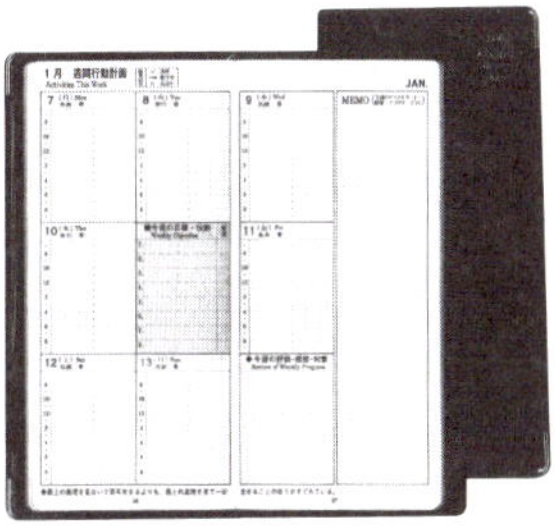

マンダラ手帳

マンダラ手帳B6サイズデスク

マンダラ手帳A5サイズデスク

オプション

マンダラチャート帳
日間実践計画

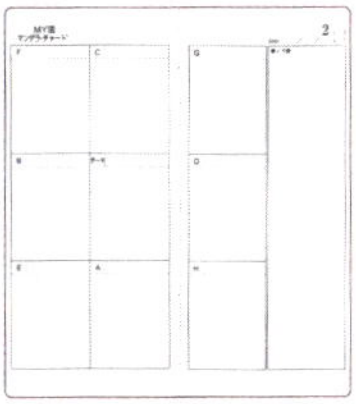

マンダラチャート帳
フリー型

人生を豊かにするマンダラ手帳

計画力と達成力が身につくしかけ

マンダラ手帳を使うときは、まず「人生8大分野」を描くところからはじまります。それを踏まえたうえで、「年間→月間→週間→日間」と、計画と行動管理を落とし込んでいくことが可能な構成になっています。

具体的には次の手順で活用していきます。

①「私の人生（役割）計画」…人生8大分野で今年すべきことを考える
②「年間先行計画」…まず1年間の予定を立てる
③「月間企画計画」…月間で取り組む課題を立てる
④「週間行動計画」…週単位で行動計画を立てる
⑤「日間実践計画」…1日の中でやることを考える
⑥「チェックリスト」…計画を検証して次に活かす

マンダラ手帳の大きな特色として、「振り返り」のポイントを随所に設けている点があります。たとえば、「週間行動計画」では、8マスのうち7マスを各曜日に割り振り、残りの1マスで、その週の評価や感想を書き込めるようになっています。「月間企画計画」でも、日ごとに人生8大分野についての振り返りができるほか、月全体についても振り返りができるフォーマットになっているのです。

マンダラ手帳を日常生活で使っているだけで、知らず知らずのうちに日、週、月、年単位の行動計画を考えるようになり、さらにその達成具合の振り返りも、自然とできるようになります。その結果、計画していたことの達成力が高まるのです。

「マンダラ手帳」の使い方のコツ

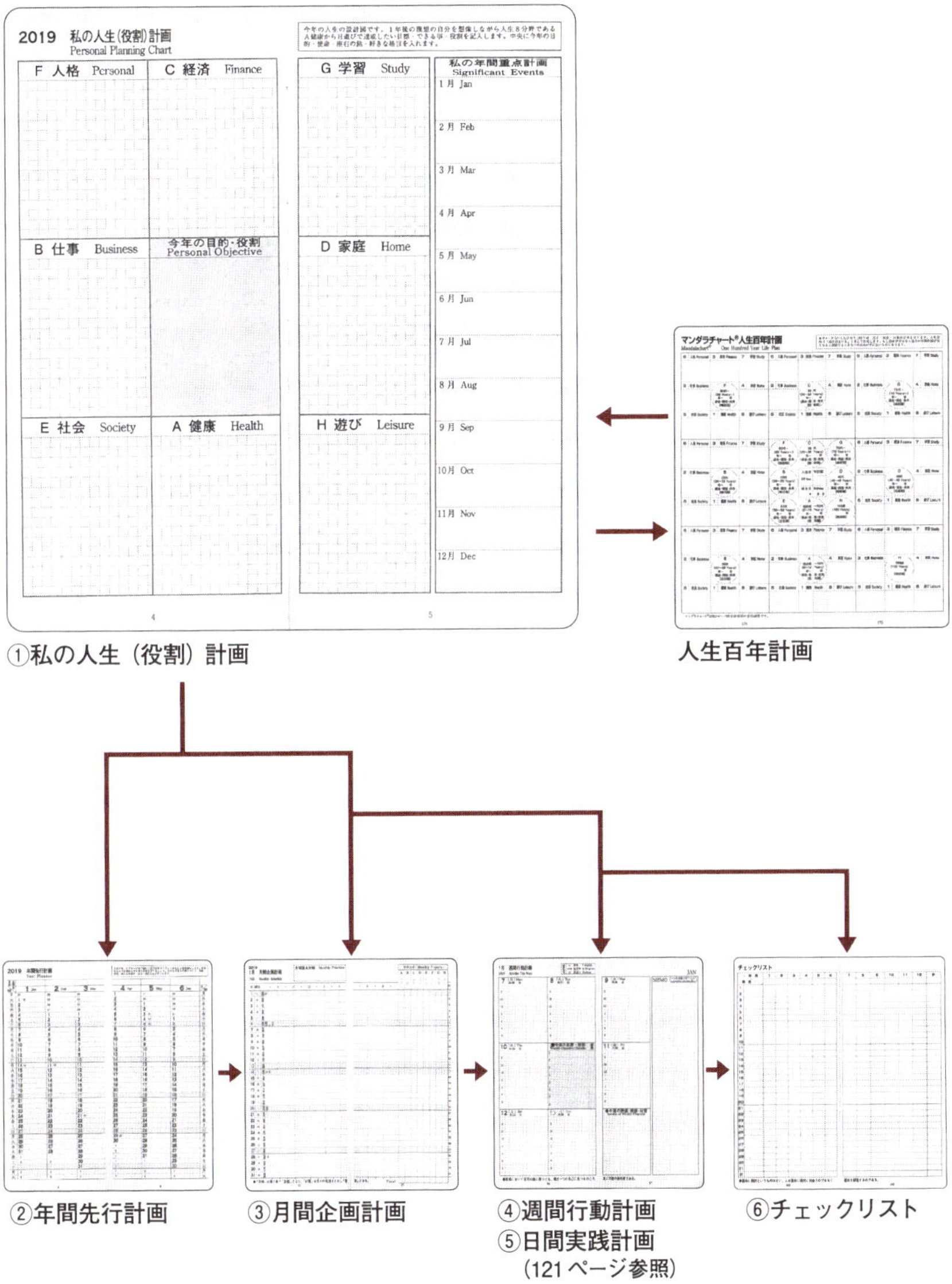

コラム
マンダラチャートの広がり

2008年、マンダラチャートが思考・発想法のツールとしてさらに広がることを目指し、設立されたのが「マンダラチャート学会」です。そして翌2009年から毎年、マンダラチャートの活用事例を集め、情報交流を図るために、「マンダラチャート・フェスティバル」を開催しています。

年に一度のこのイベントには毎回多数の方に参加していただき、おかげさまで10回を数えるまでになりました。

マンダラチャート・フェスティバルでは、自分の活用事例を紹介する「枠枠コンテスト」も行っているのですが、今では300を超える活用事例が集まり、入賞した作品は「マンダラチャート事例集」としてまとめています。この本で紹介している事例の多くも、こちらの事例集がもとになっています。

マンダラ手帳はマンダラチャートのパーソナルなツールですが、みんなとマンダラチャートを書いたり、見せ合ったりするというのは、いい刺激になりおすすめです。

私はマンダラチャートを使った「手帳セミナー」や「人生計画セミナー」も行っているのですが、一人で書いていたときには思いもよらないような発想などがわき出してきたりします。

時には友人と、家族と、会社の同僚と、一緒にマンダラチャートをつくってみてはいかがでしょうか。新たな発見があるかもしれません。

本書は２００７年『９マス発想であらゆる問題を解決する！【図解】マンダラチャート』として小社よりＢ５判で刊行されたものに最新情報を加え、大幅にリニューアルしたものです。

著者紹介

松村剛志〈まつむら たけし〉

1971年東京都生まれ。クローバ経営研究所代表取締役。一般社団法人マンダラチャート協会代表理事。経営コンサルタントである松村寧雄が開発した「マンダラチャート」「マンダラ手帳」の普及と啓蒙のために、手帳活用、人生計画、認定講師セミナーを主催。ビジネスにマンダラチャートを取り入れた経営コンサルタントとしても活躍している。

仕事《しごと》も人生《じんせい》もうまくいく!
【図解《ずかい》】9マス思考《しこう》　マンダラチャート

2018年11月15日　第1刷
2021年8月20日　第2刷

著　　者　松《まつ》村《むら》剛《たけ》志《し》

発　行　者　小澤源太郎

責任編集　株式会社 プライム涌光
電話　編集部　03(3203)2850

発行所　株式会社 青春出版社
東京都新宿区若松町12番1号〒162-0056
振替番号　00190-7-98602
電話　営業部　03(3207)1916

印刷　大日本印刷　　製本　大口製本

万一、落丁、乱丁がありました節は、お取りかえします。
ISBN978-4-413-11273-4 C0030